CONSEJERÍA DE LA PERSONA

**Restaurar desde
la comunidad crisitiana**

Pedro Álamo Carrasco

EDITORIAL CLIE
C/ Ferrocarril, 8
08232 VILADECAVALLS
(Barcelona) ESPAÑA
E-mail: libros@clie.es
http://www.clie.es

© Pedro Álamo Carrasco

«Cualquier forma de reproducción, distribución, comunicación pública o transformación de esta obra solo puede ser realizada con la autorización de sus titulares, salvo excepción prevista por la ley. Diríjase a CEDRO (Centro Español de Derechos Reprográficos, www.cedro.org <http://www.cedro.org>) si necesita fotocopiar o escanear algún fragmento de esta obra».

© 2011 Editorial CLIE

CONSEJERÍA DE LA PERSONA
Restaurar desde la comunidad cristiana
ISBN: 978-84-8267-561-9
Depósito legal: NA-3340/2011
Clasifíquese: 0450 - CONSEJERÍA PASTORAL
CTC: 01-05-0450-27
Referencia: 224752

Impreso en España / Printed in Spain

A nuestro Dios,
Restaurador de todas las cosas.

*"Si te convirtieres, yo te restauraré,
Y delante de mí estarás"* (Jer 15.19).

ÍNDICE GENERAL

Introducción 9
¿Qué es la restauración espiritual? 15
    2.1 Preliminares 15
    2.2 Restauración espiritual: generalidades 19
    2.3 Restauración espiritual: particularidades 24
    2.4 Definición descriptiva 26

Agentes de restauración: la persona afectada 29
    3.1 Consideraciones 30
    3.2 Desear y querer 32

Agentes de restauración: Dios 37
    4.1 Dios fortalece al creyente 38
    4.2 La acción del Consolador 41
    4.3 La intercesión del Espíritu 46
    4.4 La acción de la palabra 51
    4.5 La disciplina divina 59

Agentes de restauración: los pastores 69

    5.1 Cualidades pastorales 70
    5.2 Funciones y responsabilidades pastorales 75
    5.3 Una conexión emocional 110

Agentes de restauración: la Comunidad Cristiana 113

    6.1 Existe situación de pecado 116
    6.2 Intervención de las personas espirituales ... 117
    6.3 Objetivo: la restauración 119
    6.4 Actitudes correctas 121
    6.5 Un ejemplo 123

Principios y fundamentos de la restauración eficaz 129

    7.1 Principios y fundamentos para la persona que ha caído 130
    7.2 Principios y fundamentos para la Comunidad Cristiana 142

Metas de la restauración 155

    8.1 La reconciliación 156
    8.2 La comunión 157
    8.3 La santidad 159
    8.4 La libertad 161
    8.5 El equipamiento 163
    8.6 La maduración 166
    8.7 La gloria de Dios 168

El proceso de restauración: generalidades 171

    9.1 Lectura y comprensión de las escrituras 173
    9.2 Confesión de pecado 174
    9.3 Compromiso del pueblo 177

ÍNDICE GENERAL

    9.4 Restauración 179
    9.5 Alabanza 180

El proceso de restauración: pasos 181

    10.1 El contexto 183
    10.2 El proceso 185
    10.3 Atar y desatar 193
    10.4 El perdón 196

Algunos ejemplos bíblicos de restauración 199

    11.1 El rey David 200
    11.2 El apóstol Pedro 206
    11.3 Un caso de inmoralidad 209
    11.4 Los nobles de Judá 215

Llamados a restaurar a los heridos 219

Apéndice 1. Cualidades pastorales 225

Apéndice 2. Entregar a Satanás 233

Bibliografía 237

CAPÍTULO 1

Introducción

No es fácil hablar de restauración debido a nuestras propias limitaciones personales, a que tenemos experiencias de fracaso, visiones parciales de la vida, obstáculos psicológicos que nos impiden comprender la verdadera dimensión de lo que Dios es capaz de hacer en medio de su pueblo.

Podemos conocer muchas teorías; incluso, intentar aplicarlas. Pero, al tratarse de personas, nos damos cuenta de que no hay una constante universal aplicable a todos los seres humanos.

Cada uno de nosotros es único, tiene un bagaje, un trasfondo, unos condicionantes particulares, tanto familiares como personales y sociales que nos predisponen para pensar y actuar de formas radicalmente distintas a como lo harían otros e, incluso, a como lo haríamos nosotros mismos en otras circunstancias y momentos de la vida.

Dicho de otra forma, lo personal (físico, mental y espiritual) y lo social (ya sea la familia u otras personas con las que nos relacionamos) se afectan mutuamente estableciendo unas coordenadas que configurarán las respuestas que damos frente a las presiones a que nos vemos sometidos. Cambiando uno de esos parámetros (estado de ánimo, circunstancias familiares o laborales, enfermedad física...), puede verse afectada toda la cadena de respuestas que somos capaces de dar y esto se produce de manera inconsciente.

Para ilustrarlo de alguna forma, en la industria gráfica moderna, la impresión digital trabaja a partir de cuatro colores (CMYK); si queremos conseguir un color plano, como por ejemplo, el naranja, siempre tenemos que hacerlo a partir de la mezcla de los cuatro colores y cualquier variación en uno de ellos, aunque sea leve, afecta al resultado final. De la misma manera, la personalidad de un individuo se forma a partir de un gran número de parámetros y cualquier variación en uno de ellos afecta al resultado final; por eso todos somos tan diferentes, incluso dentro de una misma familia.

Por ello, será necesario recurrir a la Palabra de Dios para vislumbrar lo que el Creador nos propone tratando de no desvirtuar su legado.

Ahora bien, nadie que se atreva a hablar de restauración puede hacerlo desde una actitud prepotente, como si nunca hubiera descendido a las puertas del infierno. Solo se puede hablar de restauración desde la experiencia de pecado, con la conciencia alerta para no olvidar lo que todos nosotros somos: pecadores en proceso de restauración por la gracia de Dios. En este sentido, merecería la pena recordar las veces que hemos caído y qué proceso hemos seguido para volvernos a levantar y caminar con dignidad, como hijos de Dios.

Por ejemplo, ¿qué posibilitó que David, en cuyos salmos nos deleitamos, fuera restaurado por el Señor y continuara reinando después de haber adulterado, mentido y asesinado a uno de sus leales súbditos? ¿Cómo pudo Pedro escribir las cartas del Nuevo Testamento que llevan su nombre después de haber negado a Jesús y fuera señalado por Pablo como un hipócrita diciendo que era digno de condenar?

Israel vivió experiencias amargas en el desierto después de ser liberado de Egipto. Dios tuvo que batallar con un pueblo duro de cerviz. El desierto se convirtió en una experiencia vital para el pueblo de Dios, donde aprendió quién era el Señor y qué esperaba de los suyos. Allí, en el desierto, el alma podía ser muy fértil y el espíritu se mantenía despierto, expectante, para contemplar la gloria de Dios guiando a su pueblo hacia el reposo prometido.

Así las cosas, desierto y tierra prometida no se pueden separar, como tampoco se puede entender la liberación sin la esclavitud... De igual manera, ¿cómo podremos concebir la restauración sin la caída?

¡Si la Iglesia fuera capaz de comprender la verdadera dimensión de la restauración cristiana! Si la Iglesia tomara conciencia de que no está para juzgar a los demás, sino para ejercer misericordia, la restauración sería posible. La humildad es la mejor compañera de la restauración ya que, a partir de ahí, nos acercamos al otro con la actitud correcta, dispuestos a socorrerle en momentos de debilidad, incluso de rebeldía y, por qué no, de pecado.

Ahora bien, ¿quién ha de ser restaurado? ¿Quién ha de restaurar? ¿Qué procesos podemos establecer? ¿Hay principios activos en la Escritura que nos puedan orientar hacia este ministerio tan olvidado? ¿Qué síntomas nos permiten atisbar posibilidades de recuperación espiritual? ¿Qué impide la restauración eficaz?

Fijémonos que estamos hablando de la restauración de las personas, no de las cosas. Esto significa que entran en juego un sinfín de elementos que, en ocasiones, son difíciles de controlar. Además, presuponemos que puede haber avances y retrocesos en ese proceso de rehabilitación en el que todos estamos involucrados y que los errores que podamos cometer pueden dejar una huella muy penetrante en nuestra memoria personal y colectiva.

¡Cuántas personas se han distanciado de la Iglesia por haberse aplicado un procedimiento equivocado, una medicina incorrecta! Por supuesto, no estamos dudando de la buena intención de los miembros de la iglesia y de los pastores; pero, cuando alguien abandona, hemos de preguntarnos: ¿habremos hecho algo mal?, ¿podríamos haber actuado de otra forma?, ¿hemos sido lo suficientemente flexibles en esta situación?, ¿hemos tenido la paciencia necesaria y adecuada?, ¿hemos evidenciado el amor suficiente?...

En estos momentos, solo puedo acordarme de los años en que yo mismo desarrollé pautas y procesos equivocados en el ministerio pastoral que condujeron a resultados negativos en la restauración de algunas personas. La inexperiencia, la ignorancia, la falta de humildad, las presiones religiosas, los prejuicios... ¡Cuántas veces he lamentado esto! Pero aun así, nos ha de consolar pensar que, allí donde nosotros no lleguemos, allí donde nosotros nos equivoquemos, estará la buena mano de nuestro Dios que es capaz de arreglar lo que hemos estropeado. No obstante, sabedores de nuestras limitaciones, hemos de esforzarnos en poner todo el esmero y diligencia para servir a los demás con la mayor eficacia, con el mejor de los cuidados, no sea que cometamos un error y sea casi irreparable.

Pensemos en la vulnerabilidad de un enfermo. Depende enteramente de lo que el médico le indique. Un error en el diagnóstico, o en la medicación o en el proceso de recuperación, puede ser dramático. Aquí no caben improvisaciones; los descuidos se pagan muy caros.

Lo mismo ocurre en la vida espiritual. La negligencia puede acarrear grandes pérdidas personales y eclesiales. Por ello, *vosotros también, poniendo toda diligencia por esto mismo, añadid a vuestra fe virtud; a la virtud, conocimiento; al conocimiento, dominio propio, al dominio propio, paciencia; a la paciencia, piedad; a la piedad, afecto fraternal; y al afecto fraternal, amor.*[1]

---

[1] 2 Pedro 1.5-7.

CAPÍTULO 2

¿Qué es la restauración espiritual?

Preliminares

La palabra restauración viene del latín *restaurare*, y significa reparar, renovar o volver a poner una cosa en aquel estado o estimación que antes tenía;[2] incluso tiene la acepción de recuperar.

En este sentido, podemos ya plantear que la restauración tiene que ver con una situación previa que existía y que ha sido modificada o cambiada. Lo que no incluye, a priori, esta definición es que el estado previo era mejor que el actual. Pongamos, por ejemplo, la restauración de una pintura de Velázquez que se ha deteriorado con el paso del tiempo, el grado de humedad que hay en el museo, la temperatura, las fotografías que se han realizado con luz artificial, la iluminación indebida, el polvo... La acción de restaurar tiene que ver con recuperar la belleza anterior de que disfrutaba ese lienzo. Lo mismo

---
[2] Diccionario de la Real Academia Española.

podríamos decir de un fresco de Miguel Ángel o una escultura de la época romana.

Esto nos permite hablar de un proceso que podríamos representar de forma esquemática de la siguiente manera:

Situación inicial → Deterioro → Situación final

Aun así, el diagrama no estaría completo si no incorporamos los *procesos intermedios* que han dado lugar al cambio de situación. Por ejemplo, los agentes que han provocado la variación de la situación inicial y que han generado un deterioro y, también, los agentes que han permitido el cambio desde la situación de deterioro hasta la de restauración.

Así, podríamos completar nuestro esquema de la siguiente forma:

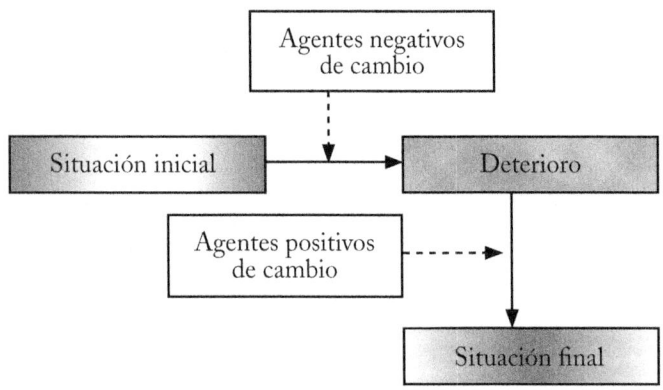

Identificar la situación inicial, la intermedia (deterioro) y la situación final no es demasiado difícil; lo más complicado está en determinar cuáles han sido los agentes que han provocado los cambios, tanto hacia el deterioro como hacia la restauración, ya que intervienen muchos factores, tanto internos como externos.

Todavía hay una cosa más en nuestro esquema. Podríamos preguntarnos si la situación final es igual a la inicial; es decir, una vez desarrollados los agentes que provocan el cambio de la situación de deterioro a la de restauración, el estado final es igual o es solo similar al inicial.

Si se trata de un objeto, es posible que, externamente, no podamos apreciar la diferencia y nos parezca que ha quedado igual. No obstante, si preguntamos a un experto, nos dirá que hay diferencias sustanciales que requerirán cuidados especiales. Por ejemplo, volviendo a la restauración de una obra de arte, los recursos con los que actualmente cuentan los especialistas para desarrollar su trabajo son extraordinarios, pero se ha producido un cambio que ha afectado para siempre a dicha obra. Su esencia no será la misma.

Cuando hablamos de la restauración de una persona, los análisis son todavía más complicados porque los factores que entran en juego son muy variados. Pongamos un ejemplo. La vida de una persona puede verse truncada por experiencias traumáticas que desemboquen en el refugio del alcohol. No vamos a discutir aquí los procesos intermedios que inducen a la persona a beber, ya que no es motivo de este estudio. Nos basta con recordar que el alcohol es uno de los más potentes ansiolíticos con los que contamos en nuestros días y es de consumo libre.

La persona de nuestro ejemplo se refugia en el alcohol y, en un momento determinado, se produce el salto que le impide desarrollar su vida cotidiana sin el consumo necesario de la droga. Su dependencia es cada vez mayor y su deterioro también. He conocido personas muy respetables, y les he oído compartir su experiencia de alcoholismo; realmente dramático. Antes de tocar fondo, habían destrozado sus relaciones familiares, laborales, sociales; su habilidad para la mentira era compulsiva, casi instintiva. Buscaban botellas en los contenedores de basura deseando encontrar unas gotas que aliviaran su dolor...

Después, se han convertido en personas que están en proceso de rehabilitación, pero son conscientes de que, en su organismo, se ha producido un cambio y que es irreparable. Se han reconocido como enfermos alcohólicos y tendrán siempre ese estigma.[3]

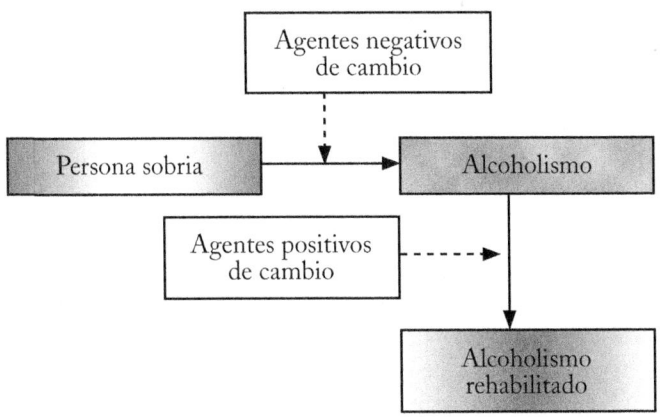

Los cambios producidos en el cerebro de un enfermo alcohólico son permanentes. Puede desarrollar una vida totalmente normal mientras no consuma ni una sola gota de alcohol. Ese será su signo de identidad a partir del momento de la rehabilitación.[4]

¿Qué quiero decir con todo esto? Varias cosas:

Primeramente, los procesos de deterioro son, normalmente, prolongados en el tiempo. Pocas veces son instantáneos.

---

[3] El estigma era una marca impuesta con hierro candente, bien como pena infamante, bien como signo de esclavitud.

[4] Recomendamos el libro de Josep. P. Carreté, *Alcohol. Adorno y tragedia* (Terrassa, Clie, 1998).

En segundo lugar, cada persona es diferente. Por ejemplo, el alcohol afecta de manera diferente a cada individuo; unos terminan en alcoholismo y otros no.

En tercer lugar, los agentes de cambio negativos son innumerables, difíciles de conocer y detectar. Ahora podemos intuir algunos de ellos, pero son diferentes en cada persona.

En cuarto lugar, el estado final de la persona es diferente al estado inicial.

Restauración espiritual: generalidades

Hasta aquí, hemos planteado algunos conceptos de la restauración general de la persona, pero no hemos entrado a discutir, todavía, la restauración espiritual, que tiene unos paralelismos muy significativos con la recuperación física, pero no es exactamente igual, como veremos.

Cuando hablamos de restauración espiritual, incorporamos un nuevo componente que va más allá de las leyes físicas. Estamos hablando de una nueva dimensión que trasciende lo que somos capaces de ver y analizar en nuestro mundo material. Revisemos una vez más nuestro esquema matizado con componentes espirituales:

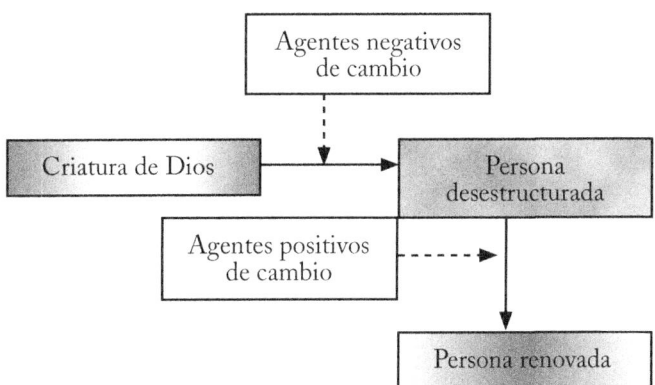

La persona es criatura de Dios. Esto es lo que podemos leer en Génesis 1-2. Además, la Escritura nos dice que *vio Dios que era bueno en gran manera* (Gn 1.31). Por añadidura, el texto bíblico nos permite identificar una diferenciación entre todo lo demás que fue creado y el ser humano. Precisamente esa diferenciación tiene que ver con la imagen y semejanza: *creó Dios al hombre a su imagen, a imagen de Dios lo creó; varón y hembra los creó* (Gn 1.27). Además, tiene una posición de preeminencia sobre todo lo demás que ha sido creado, posición que fue identificada tanto para el varón como para la mujer, pues se les dijo a ambos que señoreasen sobre la tierra (Gn 1.28).

Ahora bien, Génesis 3 nos habla de la caída. No entraremos a ver los mecanismos que produjeron el cambio sustancial que afectó a toda la creación. Basta recordar que las consecuencias fueron dramáticas: la unidad que debía existir entre el ser humano y Dios quedó afectada; los desequilibrios que aparecieron en la persona fueron manifiestos; el distanciamiento que se produjo entre el varón y la mujer quedó patente; y la tensión que se generó entre el ser humano y la creación fue evidente. Todo quedó afectado por el pecado.

El siguiente diagrama nos indica los diferentes tipos de problemas que afectan al ser humano: espirituales, psicológicos, sociológicos y ecológicos. Además, propone el camino para salvar al hombre de su angustia existencial: la vuelta a Dios, la conversión, el arrepentimiento. Veámoslo gráficamente:[5]

---

[5] Para más detalles, ver mi libro *La Iglesia como comunidad terapéutica* (Terrassa: Clie, 2005).

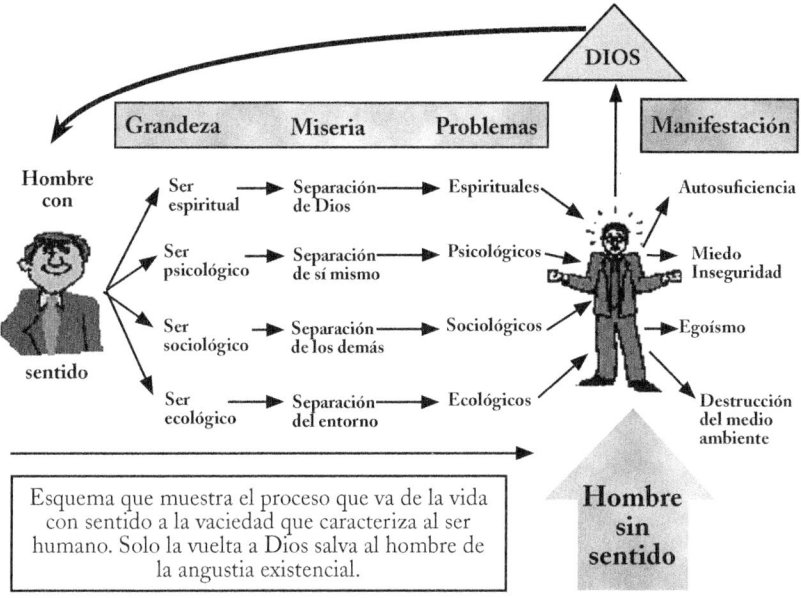

Esquema que muestra el proceso que va de la vida con sentido a la vaciedad que caracteriza al ser humano. Solo la vuelta a Dios salva al hombre de la angustia existencial.

A partir de ahí, el hombre nace a una nueva existencia. Aquí no se trata de restauración, sino de nueva vida. La Escritura nos dice que *si alguno está en Cristo, nueva criatura es; las cosas viejas pasaron; he aquí todas son hechas nuevas* (2 Cor 5.17).

Este texto introduce la diferenciación que señalábamos anteriormente al hablar de los procesos de restauración físicos y los espirituales. Mientras que lo físico genera un estado diferente al inicial (por lo general, inferior), lo espiritual genera un estado nuevo (por lo tanto, superior). No es tanto renovación o restauración, sino transformación.

Cuando Dios salva a una persona de su estado de condenación, la hace nacer de nuevo a una nueva vida; se convierte en una nueva criatura. No es una reparación, es una nueva creación. Esto tiene unas connotaciones extraordinarias. No obstante, seguimos viendo debilidades, tropiezos, retrocesos..., en nuestra propia existencia como creyentes. ¿Por qué?

Me atrevería a decir que, aunque somos una nueva creación, existe un proceso de rehabilitación que va en progreso hasta llegar a su punto culminante en la Venida del Señor Jesucristo. Entonces se producirá el cambio definitivo, permanente, eterno. Dejaremos las limitaciones de esta existencia y nos abriremos a la eternidad. El apóstol Pablo apuntaba hacia esto cuando escribió: *para que sean afirmados vuestros corazones, irreprensibles en santidad delante de Dios nuestro Padre, en la venida de nuestro Señor Jesucristo* (1 Ts 3.13). Notemos que se relaciona irreprensible con la Venida.

Más adelante añade: *Y el mismo Dios de paz os santifique por completo; y todo vuestro ser, espíritu, alma y cuerpo, sea guardado irreprensible para (literalmente en) la venida de nuestro Señor Jesucristo* (1 Ts 5.23). Resaltemos, una vez más, que se identifica la santificación completa y lo irreprensible con la Venida (παρουσία) de Jesucristo.

Mientras tanto, vamos experimentando la restauración progresiva, el proceso de rehabilitación que nos permite introducirnos a una nueva vida no exenta de obstáculos y limitaciones. Recuperemos el texto de 2 Corintios 5.17: *todas las cosas son hechas nuevas* (γέγονεν καινά). El verbo γέγονεν es un perfecto de indicativo del verbo γίνομαι que significa llegar a ser. El tiempo perfecto de indicativo expresa el resultado de una acción acabada, por lo que, muchas veces, puede ser traducido por un presente.[6]

Esto significa que todas las cosas *ya* son hechas nuevas. Ha habido un proceso, pero ya ha sido finalizado.

---

[6] Dana y Mantey dicen: su significación básica es el progreso de un acto o estado hasta un punto de culminación y la existencia de unos resultados completados... Implica un proceso, pero mira a ese proceso como habiendo alcanzado su consumación y existiendo en un estado de finalización. *Gramática griega del Nuevo Testamento* (Buenos Aires: Casa Bautista de Publicaciones, 1979), p. 193.

También Bruno Corsani y otros indican que *el perfecto expresa una acción realizada en el pasado cuyos efectos duran todavía en el presente.*[7]

No obstante, reiteramos que nuestra experiencia cotidiana nos indica que no todas las cosas han sido hechas nuevas aquí y ahora. Me da la impresión de que el apóstol nos está situando en otra dimensión; en Cristo somos una nueva creación. En realidad, ahora estamos en el proceso de que las cosas sean hechas nuevas, pero cuando venga el Mesías, todo será completado. *Ahora somos hijos de Dios, y aún no se ha manifestado lo que hemos de ser; pero sabemos que cuando él se manifieste, seremos semejantes a él, porque le veremos tal como él es* (1 Jn 3.2).

Por otro lado, el texto dice que todas las cosas son hechas nuevas (καινά), que significa nuevo no desde el punto de vista temporal (νέος), sino cualitativo, de diferente naturaleza.[8] Los LXX traducen con καινός el hebreo *hädäsh*, para indicar aquello que es nuevo y que antes no existía. Para la reflexión que nos ocupa, este término en la Septuaginta es interesante por el sentido escatológico de los profetas que anuncian una nueva intervención salvadora de Dios para el futuro a través de una nueva alianza (Jer 31).[9]

Esto concuerda con el planteamiento que hacíamos más arriba; en Cristo se inaugura una nueva era, un nuevo amanecer, una nueva humanidad, un nuevo modo de vivir, una nueva forma de ser, una nueva manera de sentir..., que culminará con su Venida en poder y gloria.

---

[7] Bruno Corsani y otros, *Guía para el estudio del griego del Nuevo Testamento* (Madrid: Sociedad Bíblica, 1994), p. 152.

[8] Vine, Nuevo, *Diccionario expositivo de palabras del Nuevo Testamento* (Terrassa: Clie, 1986), III:69.

[9] H. Haarbeck, Nuevo, *Diccionario teológico del Nuevo Testamento* (Salamanca: Sígueme, 1982), III:179.

Recuperando el ejemplo de un enfermo alcohólico. Cuando conoce el evangelio, su vida se verá transformada a una nueva existencia, pero los efectos de su enfermedad continuarán hasta la Venida del Señor. Todas las cosas son hechas nuevas. Ahora está en proceso de rehabilitación, pero cuando venga el Salvador, será semejante a él, ya no estará sujeto a padecimiento, sino que la liberación operará en todas las dimensiones de la vida.

Restauración espiritual: particularidades

Hasta aquí hemos estado planteando el tema de la restauración de una persona en términos generales para que pueda pasar de la condenación a la salvación eterna. Ahora bien, ¿los mismos principios y procesos se aplican al creyente en su existencia cotidiana? Es decir, ahora que somos una nueva creación, ¿cómo se restaura cuando hay tropiezos?

El pueblo de Israel tuvo que ser continuamente amonestado para volverse a Dios. Los profetas desarrollaron este ministerio de confrontación con el pueblo. Solo tenemos que repasar el libro del profeta Jeremías o los profetas menores para detectar el trabajo incansable de los siervos de Dios. El devenir de la historia coincidía a lo largo de los siglos: el pueblo desobedecía y Dios les enviaba uno de sus profetas; si el pueblo escuchaba y se volvía a Dios, había bendición; de lo contrario, las consecuencias serían perniciosas. No obstante, siempre había una nota de esperanza en el mensaje profético que se fundamentaba en la misericordia de Dios.

Cuando nos acercamos al Nuevo Testamento, ocurre algo similar, pero es más personalizado en la vida de las comunidades cristianas que tenían que recibir amplia enseñanza y amonestación de los apóstoles, ya que, en muchos casos, su manera de vivir no correspondía a la nueva creación. Habían nacido de nuevo, pero no habían comprendido, todavía, que tenía que haber una coherencia entre la nueva vida y la conducta que corresponde a los hijos de Dios. Solo tenemos que leer las cartas del Nuevo Testamento para ver lo que ocurría.

En otras ocasiones, la amonestación es más personalizada. Por ejemplo, el apóstol Pablo escribe a los corintios por un caso de inmoralidad (1 Cor 5). Hay, incluso, casos de confrontación, como el del apóstol Pedro por parte de Pablo (Gal 2.11) o el de Diótrefes (3 Jn 9) del que se dice que *le gusta tener el primer lugar*.

En definitiva, a pesar de que formamos parte de la nueva creación, la amonestación parece necesaria en el pueblo de Dios, tanto en tiempos pasados, como en los momentos presentes.

El otro concepto que planteábamos antes, también es pertinente aquí: las consecuencias negativas de nuestros actos, ¿dejan una huella permanente en el creyente cuando es restaurado?

A priori, podemos decir que las consecuencias negativas de nuestros actos permanecen, pero pueden ser atenuadas por la acción misericordiosa de Dios y de la Comunidad Cristiana.

Pongamos un ejemplo que, además, se menciona en el Nuevo Testamento. El apóstol Pablo escribe: *El que hurtaba* (κλέπτων, participio presente) *no hurte* (κλεπτέτω, imperativo presente) *más* (Ef 4.28). Da la impresión que esa situación se daba en los inicios de la Iglesia. Si un miembro de la Comunidad hurta, es confrontado y restaurado, ¿dejará alguna huella en él mismo y en las relaciones con los demás miembros de la iglesia? Una respuesta improvisada nos empujaría a decir que sí, sin ningún tipo de duda. Una mente reflexiva, seguramente, nos ayudará a matizar esa respuesta. Las relaciones quedan dañadas, pero, como nos enseña la Escritura, *el amor cubre* (καλύπτει, presente de indicativo) *multitud de pecados*

(1 P 4.8). Santiago (5.20) expresa algo similar en futuro (καλύψει, futuro indicativo). Estableciendo un paralelismo entre la vida física y la espiritual, cuando hay daño (una herida), queda una cicatriz y eso significa que ha habido sanidad, curación, restauración.

A todo lo anterior, tendríamos que sumar la práctica del perdón en la Iglesia que es consecuencia del arrepentimiento y la confesión. Solo tenemos que pensar cómo nos trata Dios a pesar de nuestros pecados: *No ha hecho con nosotros conforme a nuestras iniquidades, ni nos ha pagado conforme a nuestros pecados* (Sal 103.10).

Definición descriptiva

Dicho todo esto, estamos en condiciones de proponer que la restauración tiene que ver con un proceso que, primeramente, permite a una persona superar una situación de deterioro y recuperar un estado anterior que es reconocido como mejor que el actual y, posteriormente, le habilita para seguir desarrollándose como Hijo de Dios, con toda dignidad, hasta la Venida del Salvador. Las marcas de las heridas permanecerán, pero serán atenuadas por la práctica del perdón y la misericordia de la Comunidad Cristiana que refleja el amor de Dios hacia los suyos.

En el proceso de restauración ha de tenerse en cuenta tanto el origen del problema como las metas que se desean conseguir, tratando de analizar las causas que han provocado los cambios tanto negativos como positivos con el fin de instaurar una nueva pauta de conducta que permita a la persona el *control* de las diferentes situaciones que se le presenten. No es extraño en terapia de conducta con toxicómanos o alcohólicos enseñar y ensayar pautas de conducta que permitan aprender a rechazar las ofertas de consumo cuando vuelvan a su vida cotidiana.

No podemos olvidar que los procesos de cambio son siempre lentos y que, en cada persona, son diferentes. Aquí la comprensión, la paciencia, la tolerancia y el amor tendrán que ser los compañeros de viaje si deseamos una restauración eficaz.

La restauración tiene que tener como principio vital ayudar a las personas a recuperar su *dignidad* y a potenciar el estado de *libertad* en todos los sentidos de la existencia. La labor de los psicoterapeutas, los psiquiatras, los asistentes sociales, los psicólogos, los pastores, los maestros, los educadores..., tiene que ver con ayudar a los demás a que recuperen su autoestima, a que se valoren, a que puedan caminar con la cabeza alta a pesar de lo que haya ocurrido en el pasado, a que puedan encontrar sendas de liberación...

Terminamos esta sección planteando que el Dios de la Biblia es un Dios restaurador, que da nuevas oportunidades a sus hijos y les enseña el camino de la libertad permitiendo que recuperen la dignidad que les concede el ser hijos de Dios.

CAPÍTULO 3

Agentes de restauración: la persona afectada

Son varios los agentes que intervienen en el proceso de restauración, desde el Espíritu Santo hasta los miembros de la Comunidad. No obstante, la persona afectada es la más interesada en todo este proceso y, necesariamente, en ella está la clave de su progreso. De forma paralela hemos de situar la acción sanadora del Espíritu Santo, la labor de acompañamiento pastoral y la edificación de los miembros de la Comunidad. Todo ello configura la misión de la Iglesia que se articula en la práctica de la tolerancia, el perdón y el amor de los unos a los otros.

Por motivos didácticos vamos a considerar cada uno de los agentes involucrados de forma separada; pero, como hemos indicado antes, se trata de acciones paralelas, muchas veces simultáneas, para que se pueda experimentar sanidad y restauración integral en el seno de la Comunidad.

De poco serviría una acción pastoral dirigida a la persona afectada y descuidar la parte que le corresponde a la iglesia.

Cuántas veces hemos visto a los pastores desarrollar estrategias de recuperación y la iglesia no les ha acompañado en ese proceso; y, por el contrario, cuántas veces los pastores han mostrado actitudes inflexibles que han impedido la recuperación de los que han caído y la iglesia ha dado muestras de madurez, tolerancia y misericordia. Por ello, insisto en la necesidad de que todos los agentes de restauración actúen de forma concomitante.

En mi opinión, la evolución favorable del proceso de restauración dependerá, en gran medida, de las actitudes y de las acciones que llevará a cabo la persona afectada después de haber tocado fondo.

Consideraciones

Primero, cada persona sigue un *proceso* particular de deterioro que puede ir desde unos minutos hasta algunos meses. Esto significa que cada caso es diferente y lo que ha pasado a alguien no tiene por qué ocurrir a otros necesariamente.

En segundo lugar, cada persona tiene sus fortalezas y sus debilidades. Es decir, hay un umbral de *vulnerabilidad* que puede ser más o menos consciente. Esto nos tiene que ayudar a evitar el juicio apresurado cuando alguien ha caído en aquello que nos parece inverosímil e indigno en un creyente. En la medida en que seamos conscientes de nuestra propia debilidad, nos permitirá desarrollar actitudes de solidaridad y misericordia con el hermano que ha tropezado.

En tercer lugar, cada persona tiene una medida diferente sobre tocar fondo y esa medida escapa a la razón. Para unos puede ser haber destruido a la propia familia; para otros, la pérdida del empleo; para otros, verse esclavizado por el alcohol; para otros, el desasosiego que producen los complejos de culpa al llevar una doble vida...

En definitiva, tocar fondo significa llegar a *un punto de inflexión* que permite a la persona tomar conciencia de su propia situación y querer cambiar el curso de su existencia buscando la ayuda y soporte necesarios.

En cuarto lugar, tenemos que hablar de las *actitudes*. Una actitud[10] es una predisposición para actuar, aprendida, dirigida hacia un objeto, persona o situación que incluye dimensiones:

- Cognitivas: creencias, opiniones y pensamientos.
- Afectivas: sentimientos, evaluaciones positivas y negativas.
- Conductuales: intenciones y acciones de la persona.

Esta definición no es compartida por la totalidad de los especialistas, pero incorpora conceptos que son muy interesantes a la hora de valorar la conducta de una persona en una situación determinada y que la distingue de otra en la misma situación.

Cuando un cristiano ha caído, toca fondo y desea reaccionar, ¿cuáles son sus actitudes? Es decir, ¿qué piensa, siente y decide sobre lo que ha ocurrido, sobre sí mismo, sobre los demás, sobre las consecuencias de sus actos, sobre la iglesia, sobre Dios...? Esto es muy importante, porque nos dará una visión real de lo que puede pasar desde este momento en adelante.

No se trata de desear cambios pensando solo en los demás, por presiones externas sino, primeramente, en uno mismo. Seguro que este enfoque será más positivo, traerá mejores resultados y los cambios serán más duraderos.

Pongamos un ejemplo. Un miembro de la Comunidad tiene problemas con el juego y se da cuenta, con el paso del

---

[10] Florencio Jiménez Burillo, *Psicología social* (Madrid: UNED, 1990), II:11.

tiempo, de que las cosas están empeorando, que está perdiendo el control, que está malgastando los recursos de su familia, que esta situación le ha generado unas deudas elevadísimas que no sabe cómo va a saldar...

Esta persona tiene que reaccionar no solo por temor a ser descubierto por su familia y amigos o por la vergüenza que supondrá ser sorprendido en la propia Comunidad Cristiana. Lo importante será ayudarle a analizar sus actitudes: qué piensa, siente y decide respecto a sí mismo, primeramente. El segundo paso es analizar lo que piensa, siente y decide respecto a su familia, amigos, iglesia... y, por supuesto, respecto a Dios. Las actitudes que desarrolle serán un buen baremo para anticipar lo que puede resultar en el futuro.

Al hablar de las actitudes de la persona que ha caído, tenemos que incorporar el ingrediente espiritual. Es decir, la persona, ¿está arrepentida?, ¿es consciente de que su vida está deshecha?, ¿comprende el perjuicio que se ha causado a sí mismo y a los que le rodean?, ¿hay muestras de quebrantamiento? Estas preguntas parecen triviales, pero nos ofrecen pistas claras que permitirán realizar un diagnóstico preciso sobre la toma de conciencia de la persona en conflicto.

Desear y querer

Tenemos que incorporar un elemento más en nuestra reflexión. Hemos hablado de qué piensa, siente y decide la persona que necesita ser restaurada. Enrique Rojas desarrolla un excelente ensayo en el que distingue el *deseo* del *querer*.[11]

Podríamos decir que el deseo tiene que ver con la inmediatez, mientras que el querer afecta a lo duradero. El deseo es fugaz, el querer es permanente. Aplicando estos conceptos

---

[11] Enrique Rojas, *Los lenguajes del deseo* (Madrid: Temas de hoy, 2004).

a nuestra reflexión, cuando una persona cae, tropieza, peca... (podemos expresarlo de diferentes formas), no solo ha de *desear* que se opere un cambio, sino que ha de *quererlo*. Esta matización es significativa, pues nos preservará de actos heroicos, impulsos internos que terminan en frustración. Una persona puede *desear* cambios en su propia existencia, pero tendrá que aplicar *voluntad* (querer) para llegar a la meta propuesta; de lo contrario, la persona puede ser tentada a coger atajos que no harán sino desviar la atención y engañar al corazón; siguiendo ese camino, los cambios serán aparentes, no duraderos y, por lo tanto, la restauración verdadera quedará desdibujada e impedida.

Ahora bien, insisto en que la restauración eficaz tiene que tener integrados los componentes que afectan al pensamiento, al sentimiento, a las intenciones y a la voluntad; todo ello constituye el ser personal y todo ello ha de ser considerado en el proceso de restauración. No estamos hablando solo del nivel espiritual sino, también, del emocional.

Es posible que, en el tropiezo, haya primado más el sentimiento (el impulso o el deseo) que la razón; a veces los impulsos (pasiones internas) son incontrolables. En la restauración, no podemos cometer el error de aplicar exclusivamente voluntad sin tratar los sentimientos o la emotividad de la persona, sus necesidades (carencias), sus metas, sus ideales... Una vez más nos encontramos con la exigencia de tratar al ser humano como una unidad, de forma integral, sin parcelas. A Dios le interesa toda la persona, no solo su espíritu.

Por todo ello, es imprescindible que la persona afectada y necesitada de restauración se involucre con todo su ser personal, *deseando* y *queriendo* cambios que estén orientados a la estabilidad y a la permanencia. Es decir, en una sociedad en la que prima lo superficial y externo, toda persona ha de luchar desde su interior y hacia su interior para poner orden en su propia vida.¹² El apóstol Pablo oraba por los creyentes en estos términos: *para que os dé, conforme a las riquezas de su gloria, el ser fortalecidos con poder en el hombre interior por su Espíritu* (Ef 3.16).

El apóstol Pablo anima a cada creyente a examinarse antes de participar de la Cena del Señor (1 Cor 11.28). La palabra usada y traducida como pruébese (δοκιμάζω) significa hacer un examen. La misma palabra se usa en Gálatas 6.4, en el contexto de la restauración (6.1) para animar a cada persona a someter a prueba su propia obra. La versión griega del Antiguo Testamento traduce con δοκιμάζω el hebreo *bāhan*, que es probar la autenticidad de algo mediante el crisol.¹³

La Escritura va todavía más allá cuando el salmista solicita: *Examíname* (δοκίμασόν, en los LXX), *oh Dios, y conoce mi corazón; pruébame y conoce mis pensamientos; y ve si hay en mí camino de perversidad, y guíame en el camino eterno* (Sal 139.23-24). Esta oración refleja una clara conciencia de la propia fortaleza que una persona puede encontrar en Dios y, a la vez, de la sutil debilidad que anida en el corazón humano.

Este salmo es un canto al conocimiento que el Señor tiene de los que son suyos, incluso, desde antes de nacer. El salmista proclama que aborrece a los impíos que no aman a Dios; por el contrario, solicita que sea Él mismo quien le examine para que compruebe lo que verdaderamente hay en su interior. El examen del Señor será completo, imparcial, justo, verdadero; a Él no se le puede engañar dando una imagen falsa de lo que no hay en nuestro interior. Así, es necesario que la persona afectada se presente ante Dios para solicitar su ayuda, porque sabe

---

[12] Recomendamos el libro de Gordon MacDonald, *Ponga orden en su mundo interior* (Miami: Betania, 1989).

[13] H. Haarbeck, Prueba, *Diccionario teológico del Nuevo Testamento*, III:436.
Recordemos que el crisol es un recipiente hecho de material refractario, que se emplea para fundir alguna materia a temperatura muy elevada; en el proceso se eliminan los materiales impuros.

todas las cosas; se trata de abrir el corazón a quien es capaz de socorrer en momentos difíciles.

Para que alguien pueda ser ayudado eficazmente, ha de *reconocer su debilidad* y abrir su corazón. Solo a partir de esa *catarsis*, podrá iniciar el camino de la restauración.

A partir de ahí, es imprescindible reconocer la necesidad de ayuda y asumir que habrá un proceso de rehabilitación. Por ejemplo, imaginemos una operación de rodilla en la que hay que reparar un ligamento roto. Actualmente, con las nuevas técnicas de intervención, se puede hacer casi todo, pero el proceso de recuperación es lento, de seis a siete meses. A la persona que ha sido intervenida no tienen que decirle que vaya con cuidado cuando empiece a apoyar el pie en el suelo y dé los primeros pasos. Ya es consciente de su necesidad (debilidad) e irá siendo guiado por un fisioterapeuta que le ayudará en los ejercicios físicos para su completa recuperación. En la vida espiritual ocurre algo similar. La persona que es consciente de que ha caído, no actúa como si nada hubiera pasado; es consciente de su tropiezo y de su debilidad, sabe que hay un proceso de recuperación y acepta que necesita ayuda. Una vez más, estas serán pistas que manifestarán la verdadera actitud de la persona en cuestión y determinarán en gran medida su propio desarrollo espiritual.

Reiteramos aquí que la persona afectada ha de ser la primera interesada en iniciar su proceso de restauración y, para ello, ha de asumir su problema, pensar, desear y querer un cambio (arrepentimiento) y, desde su quebrantamiento, edificar una nueva vida llena de esperanza, con nuevas ilusiones, caminando hacia la dignidad que ha de recuperar y que corresponde a los hijos de Dios.

CAPÍTULO 4

Agentes de restauración: Dios

De manera simultánea o paralela a la acción de la propia persona en el proceso de restauración, está la obra de Dios. La pregunta que hemos de plantearnos en estos momentos es: ¿cómo actúa Dios hacia sus hijos cuando tropiezan?

En la Escritura, vemos que Dios confronta a la persona con su propia realidad y lo hace con misericordia y benevolencia. A la vez, encontramos textos que nos hablan de la disciplina divina hacia aquellos que ama. Así que, tenemos, por un lado, la bondad de Dios (que no nos paga conforme a lo que merecemos) y, por otro, su disciplina (castiga al pecador). Insistimos en que hay textos que nos hablan de la severidad de Dios y pasajes que expresan su gracia y misericordia. ¿Cómo se pueden conjugar estos dos extremos? ¿De qué depende que Dios actúe de una forma y/o de otra? ¿Son excluyentes?

Todavía podemos ser más incisivos: el Dios del Antiguo Testamento, dicen algunos, es severo y vengativo, mientras que el del Nuevo Testamento es amor, misericordia, Padre... Es evidente que esta es una lectura simplista, ya que lo que observamos en los evangelios es una manifestación de la severa justicia de Dios que no se puede separar de su profundo amor por la humanidad: alguien paga por el pecado de los hombres, Jesús, en la cruz del Calvario. Eso es justicia, pero también es amor, y tiene que ver con la coherencia de todo el Consejo de Dios; si solo nos quedamos con la misericordia de Dios, a expensas de la justicia, o viceversa, estaríamos mutilando a Dios.

Hay un par de pasajes que hilvanan de una manera magistral estos conceptos: Génesis 18.16-33. Abraham intercede por Sodoma. Abraham indica a Dios que no puede destruir al justo con el impío y que el justo no puede ser tratado como el impío (v. 25). La respuesta de Dios es: *Si hallare en Sodoma cincuenta justos dentro de la ciudad, perdonaré a todo este lugar por amor a ellos* (v. 26). Este pasaje nos indica lo que hay en el corazón de Dios: misericordia, pues es capaz de perdonar la destrucción de una ciudad populosa si encontrara a uno que fuera justo, y eso lo hace por amor. Aquí la escena acabó en destrucción.

El otro pasaje nos informa de otra situación similar, que no termina en tragedia: la historia de Jonás. Dios anuncia la destrucción de Nínive y envía al profeta Jonás a anunciar el mensaje de Dios; el pueblo se arrepiente y es perdonado. El único que se molesta ante la misericordia del Señor es el profeta, el siervo de Dios.

Así que vemos cómo en el Antiguo Testamento se va entretejiendo la misericordia de Dios con su justicia.

Vamos a ir por partes para tener una perspectiva general sobre la acción de Dios en el proceso de restauración.

Dios fortalece al creyente

Antes hemos mencionado el texto de Efesios 3.16: *para que os de... el ser fortalecidos con poder en el hombre interior por su Espíritu*. Este pasaje está insertado en un contexto muy llamativo, pues habla del amor de Dios. Es conocida la madurez de la iglesia de Éfeso y, por lo tanto, podríamos pensar que este texto no debería ser considerado aquí, pues estamos hablando de aquellos que caen. No obstante, recordemos que es en esta epístola en la que Pablo habla de *el que hurtaba no hurte más* (4.28), *ninguna palabra corrompida salga de vuestra boca* (4.29), *quítense de vosotros toda amargura, enojo, ira, gritería y maledicencia, y toda malicia* (4.31)… Seguramente estas circunstancias se estaban dando en la iglesia y Pablo tiene que enseñar la excelencia del camino del Señor. Por tanto, creo que es pertinente hablar aquí de que podemos guiarnos unos a otros por esa senda gracias a la obra del Espíritu Santo.

El texto nos habla del deseo del apóstol: que los creyentes sean fortalecidos con poder (δυνάμει κραταιωθῆναι). La palabra fortalecer (κραταιόω) está relacionada con κρατος, que significa fortaleza. A partir de Homero, significaba fuerza, vigor y poder y pertenecía al tratamiento de los reyes. Llegó a significar autoridad y victoria.[14]

El apóstol es reiterativo e insistente, ya que desea que los creyentes sean fortalecidos con poder (δυνάμει). Esta palabra, en la Septuaginta, traduce vocablos hebreos que designan al ejército y se refiere habitualmente al poder de Dios, manifiesto a través de su Espíritu (Miq 3.8). El Nuevo Testamento sigue esta misma idea, tanto en los evangelios como en las paulinas, lo que asegura la realización de los planes divinos en el acontecer escatológico. Así que, en nuestro texto, se habla de la autoridad y poder de Dios para fortalecer al creyente a través de la acción del Espíritu.

También nos habla de la esfera en la que tiene que operarse: el hombre interior. Se refiere a la persona transformada, renovada, nacida de nuevo. Tiene que ver con la mente, el espíritu

---

[14] G. Braumann, Fuerza, *Diccionario teológico del Nuevo Testamento* (Salamanca: Sígueme, 1980), II:224.

y el alma del creyente. Tener conquistas en este terreno permitirá afrontar otras batallas que podrían hacernos sucumbir de una manera implacable.

Aplicando estos conceptos a nuestro tema, podemos decir que es necesario que la persona comience su proceso de transformación a partir de su vida interior, lo que permitirá progresar en las demás áreas de su existencia (social, cultural, física...). El apóstol Pablo, en otro texto, escribe *transformaos por medio de la renovación de vuestro entendimiento* (Ro 12.2); el efecto de esto será comprobar que la voluntad de Dios es agradable y perfecta.

Por último nos habla de la persona que va a llevar a cabo la acción de fortalecer con poder: por su Espíritu (διὰ τοῦ πνεύματος). La preposición διὰ, cuando acompaña al caso genitivo, como ocurre aquí, significa por medio de o a través de. Esto es importante por el hecho de que Jesús enseñó a sus discípulos que no los dejaría huérfanos y añadió: *os conviene que yo me vaya; porque si no me fuera, el Consolador no vendría a vosotros; más si me fuere, os lo enviaré* (Jn 16.7). Además, el texto siguiente habla de convencer al mundo de pecado, de justicia y de juicio (Jn 16.8). Lo que Juan nos indica es que el Espíritu Santo *comienza* su labor con los que no son creyentes para convencerles de pecado; es decir, les muestra la realidad de su vida, de su propia esencia, contaminada por el pecado al vivir de espaldas a Dios y les revela su incapacidad para salir de esa situación por ellos mismos. El apóstol Pablo nos enseña que el Espíritu Santo *continúa* su labor con los que han nacido de nuevo, guiando, confrontando, consolando y convenciendo de la necesidad que tienen de volver a Dios cuando caen.

El texto de Efesios indica que la meta de la obra del Espíritu Santo es la madurez espiritual: hacer que los creyentes sean capaces de comprender y conocer el amor de Dios que excede a todo conocimiento (3.18-19): su anchura, longitud, profundidad y altura. Es decir, conocer el amor de Dios en toda su dimensionalidad. No en vano enseña la Escritura, según hemos citado antes, que *el amor cubrirá multitud de pecados* (1 P 4.8). Todos estamos aquí identificados al necesitar progresar en el proceso de maduración personal (espiritual).

Todavía el apóstol Pablo va más allá, pues nos habla de *Aquel que es poderoso* (δυναμένῳ) *para hacer las cosas mucho más abundantemente de lo que pedimos o entendemos, según el poder que actúa* (τὴν δύναμιν τὴν ἐνεργουμένην) *en nosotros* (Ef 3.20). Lo que el texto nos indica es que ese poder de Dios está actuando ya en nosotros.[15] Es decir, nos energetiza, nos llena de energía.

A la luz de todo esto, podemos concluir que el Espíritu Santo está operando en nuestro interior activándonos o llenándonos de energía para fortalecernos en el proceso de maduración (rehabilitación).

La acción del Consolador

Hay textos de la Escritura que nos hablan del Consolador (Jn 14.16, 26; 15.26; 16.7, 13). El profeta Isaías recuerda a Israel que Dios es su Consolador (Is 51.12).

La palabra usada en Juan para Consolador es παράκλητος. Este término significa uno que es llamado al lado de otro para defenderle. En el griego profano, el vocablo había que entenderlo en la esfera jurídica y se refería al abogado.[16] El Nuevo Testamento va más allá de la concepción jurídica, pues el παράκλητος no es tanto el llamado, sino el enviado, es el don de Dios a sus hijos para su auxilio.

---

[15] La palabra ἐνεργουμένην es un participio presente del verbo ἐνεργέω.
[16] G. Braumann, Intercesor, *Diccionario teológico del Nuevo Testamento*, (Salamanca: Sígueme, 1980), II:353.

Vamos a ver la obra del Espíritu Santo en los textos que hemos recogido del evangelio de Juan:

En primer lugar, el evangelio asegura la presencia del Espíritu (Jn 14.16). El texto dice *para que esté con vosotros para siempre*. La construcción μεθ' ὑμῶν (preposición seguida de genitivo) indica compañía, al lado de, y eso será para siempre (εἰς τὸν αἰῶνα). En el proceso de rehabilitación o restauración es imprescindible que comprendamos, sepamos y aceptemos que el Espíritu Santo ha sido enviado a nuestro lado para que nos ayude en nuestra debilidad (Ro 8.26) y eso será para siempre.

En segundo lugar, el evangelio enseña que es el Espíritu de Verdad (τὸ πνεῦμα τῆς ἀληθείας, Jn 14.17). La palabra verdad (ἀλήθεια), en su sentido primario significaba lo que no está oculto (α-, privativo, sin y λανθάνω, estar escondido). En el evangelio esto es muy importante, ya que, según nos indica el prólogo de Juan, el Logos ha venido a hacer clara distinción entre la luz y las tinieblas, para mostrarnos la *realidad* de las cosas. En términos platónicos, ya no vemos las sombras, sino que contemplamos la realidad.[17] El Consolador es Espíritu de Verdad (realidad) que continúa con la labor del Mesías para aclarar todas las cosas.

El texto dice literalmente Espíritu de la Verdad para que no haya lugar a dudas. En un mundo dominado por el relativismo y la multitud de verdades, la Escritura nos habla del Espíritu de la Verdad. Hoy parece que todos tienen razón. Enrique Rojas dice:

Nos deslizamos así hacia el relativismo; pensamiento débil, convicciones sin firmeza, asepsia en los compromisos, indiferencia hacia la curiosidad y ganas de saber, pero sin creer

---

[17] Animamos al lector a repasar el famoso mito de la caverna de Platón.

en casi nada, porque vale todo y no vale nada. Dicho de otro modo: el relativismo es la ética de la tolerancia ilimitada, que lleva a la indiferencia pura... Del relativismo al escepticismo no hay más que un paso.[18]

Insistimos en la importancia que esto tiene para la persona que está en proceso de restauración; el Espíritu Santo no le guiará por sendas oscuras, sino por el camino de la verdad, y no vale cualquier verdad, sino la verdad de Dios. Esta, en ocasiones, puede ser dolorosa, pero el fruto que producirá será agradable y duradero. Mientras que la Escritura nos recuerda que *engañoso es el corazón más que todas las cosas, y perverso* (Jer 17.9), el Consolador es Espíritu de Verdad. Así que hemos de estar vigilantes para no ser guiados por nuestros propios deseos, impulsos o intereses, que nos pueden hacer desviar del camino de Dios. El Espíritu Santo siempre nos guiará por sendas de verdad.

Un texto muy significativo que corrobora esta idea es Efesios 5.9: *Porque el fruto del Espíritu es en toda bondad, justicia y verdad.* Es decir, aquello que se desarrolla en la esfera de la bondad, la justicia y la verdad generará un gran beneficio y eso es fruto del Espíritu. Así también, el Reino de Dios es *justicia, paz y gozo en el Espíritu Santo* (Ro 14.17); es decir, cuando uno es guiado por el Espíritu de Dios, generará justicia, paz y gozo.

En tercer lugar, el evangelio muestra que la obra del Espíritu consistirá en enseñar (Jn 14.26). El Consolador desarrollará una labor pedagógica en dos vertientes: por un lado, enseñará (διδάξει) todas las cosas y, por otro, recordará (ὑπομνήσει) las enseñanzas del Maestro a los discípulos. Hay quien ha interpretado estas palabras en un sentido estricto para referirse a la labor del Espíritu de guiar a los discípulos

---

[18] Rojas, *op.cit.*, p. 86.

cuando tuvieran que poner por escrito lo que habían escuchado de Jesús. No obstante, desde mi punto de vista, estos textos contienen una enseñanza más general y da a entender que el Espíritu Santo desarrollará una labor didáctica hacia los creyentes, recordándoles aquello que hemos leído de la Palabra, lo que hemos meditado, estudiado o aprendido.

Este texto está enmarcado entre dos conceptos muy importantes y vitales para la vida de la Comunidad: por un lado, el amor (vs. 23-24) y, por otro, la paz (v. 27). La *secuencia* es: guardar la Palabra de Dios que tiene que ver con el amor, lo cual será recordado por el Espíritu Santo como la esencia de la verdad del evangelio (tema típico en Juan), y esto posibilitará experimentar la paz de Dios como ausencia de turbación, y todo ello ha de ser vivido desde la Comunidad Cristiana. El capítulo 15 habla de la Vid verdadera y vuelve a insistir en el tema del amor (vs. 12, 17) reforzando lo comentado previamente por Jesús. El evangelio de Juan tiene un razonamiento circular y va entrelazando los temas una y otra vez mientras los enriquece progresivamente.

Dicho esto, podemos sostener que, en el proceso de restauración de la persona, la enseñanza del Espíritu Santo tendrá que ver con recordar la importancia del amor cristiano para experimentar la paz del Señor. Y esto no se lo recordará solo a la persona que ha caído, sino a la Comunidad a la que pertenece. ¿Acaso no es sanador y restaurador considerar cómo nos ama Dios en todo momento y a pesar de lo que hagamos? ¿No haríamos bien en imitar a nuestro Dios para que en la Comunidad Cristiana se pueda experimentar la paz del Señor como ausencia de turbación? Me temo que, en muchas ocasiones, en la Iglesia no se experimenta mayor sanidad o bienestar espiritual y emocional porque los cristianos no están a la altura del amor de Dios para socorrer, en su debilidad, al que tropieza y ayudarle en su proceso de rehabilitación. ¡Qué diferente era el Maestro que, normalmente, estaba cerca de los pecadores, los necesitados, marginados..., para socorrerles y enseñarles el camino de salvación!

En cuarto lugar, el evangelio manifiesta que el Espíritu Santo guiará a los creyentes en la verdad (Jn 16.13). El texto original dice: ὁδηγήσει ὑμᾶς ἐν τῇ ἀληθείᾳ πάσῃ (guiará a vosotros en la verdad toda). La preposición ἐν significa originariamente dentro y puede ser entendida como locativo o como instrumental. Como locativo, significaría *os guiará en toda verdad* y como instrumental, *os guiará con toda verdad*. No vamos a entrar en estas disquisiciones exegéticas por muy enriquecedoras que sean para los estudiosos.[19] Para nuestro propósito, ya sea locativo o instrumental, lo importante tiene que ver con la guía del Espíritu Santo en (o con) toda la verdad.

La palabra usada para guiar es ὁδηγέω, relacionada con ὁδός, que significa camino. En la literatura griega aparece, a menudo, la imagen de los dos caminos y el ser humano tiene que decidir continuamente cuál elegir; uno es el de la virtud y el otro el de la maldad.[20] El verbo aparece muchas veces en los LXX para referirse a Dios guiando la propia vida; también se usa en sentido figurado para enseñar e instruir.[21]

Así que Dios, el Espíritu de Verdad, guiará (orientará, ayudará a decidir, enseñará, instruirá...) a sus hijos y a su pueblo en toda verdad. Una vez más, a nivel hermenéutico, tenemos que preguntarnos si este texto es restrictivo y solo se refiere a los discípulos o, por el contrario, hemos de entenderlo en sentido amplio. En mi opinión, igual que con el concepto anterior, tiene una intencionalidad original para los discípulos,

---

[19] Yo me inclino más bien por el uso locativo, no tanto el instrumental.
[20] G. Ebel, Camino, *Diccionario teológico del Nuevo Testamento* (Salamanca: Sígueme, 1980), I:210.
[21] Ebel, *op.cit.*, p. 211.

pero encierra un principio general de la obra del Espíritu Santo en la vida de los creyentes. El problema mayor lo tenemos al tratar de distinguir lo que es la guía del Espíritu de lo que son nuestros propios intereses o interpretaciones.

En cierta ocasión, tuvimos que tomar una decisión en nuestra iglesia respecto a un caso aparentemente claro de disciplina. Decidimos volver a estudiar lo que la Escritura decía al respecto y, para sorpresa nuestra, se había sostenido como principio eclesial algo que era ajeno a la enseñanza de las Escrituras. Habíamos dado por supuesto que lo que nosotros pensábamos y se había sostenido durante mucho tiempo era la verdad de Dios, pero, afortunadamente, estuvimos a tiempo de dejarnos guiar por el Espíritu de Verdad para que nos guiara en toda verdad. Esto evitó dañar a una persona y a la Comunidad. Por supuesto, requiere una alta dosis de apertura mental y espiritual, elementos de los que, muchas veces, carecemos en las iglesias cristianas. El problema es que no nos atrevemos a replantear las cosas por temor a los cambios. La Reforma protestante nos enseñó que la iglesia reformada siempre debía estar reformándose. Esto no es una amenaza para el cristianismo, sino todo lo contrario, una esperanza que permite revitalizar la Iglesia y hacerla más fuerte.

La intercesión del Espíritu

El Espíritu Santo también desarrolla la labor de restauración a través de la intercesión. El apóstol Pablo escribe: *El Espíritu nos ayuda en nuestra debilidad; pues qué hemos de pedir como conviene, no lo sabemos, pero el Espíritu mismo intercede por nosotros con gemidos indecibles* (Ro 8.26). Varios aspectos significativos en este texto:

Primeramente, el apóstol reconoce *nuestra condición*: debilidad ($\dot{\alpha}\sigma\theta\acute{\epsilon}\nu\epsilon\iota\alpha$). Esta palabra, literalmente, significa sin fuerza.[22] La misma palabra se usa en Mateo 26.41 cuando Jesús dice que *el espíritu a la verdad está dispuesto, pero la carne es débil*. El término *abarca las dimensiones de la incapacidad física, social, económica y finalmente espiritual*.[23] El contexto no aclara mucho a cuál de estos aspectos se refiere, pero me da la impresión que tiene que ver con un concepto genérico de la debilidad humana en todos los órdenes de su existencia; en ocasiones esa debilidad se materializará en el aspecto emocional, otras veces, en el físico, otras en el espiritual... El ser humano tiene limitaciones, conflictos, flaquezas...; de ahí que necesite tan desesperadamente a Dios. Además, en la medida en que es consciente de su debilidad, está en mejores condiciones de encontrar salida a los desórdenes personales. De ahí que el apóstol nos recuerde: *El que se cree ser algo, no siendo nada, a sí mismo se engaña* (Gal 6.3). Posiblemente, uno de los grandes problemas de las sociedades tecnológicas es que piensan mucho en sus logros y poco en sus fracasos. De ahí que el ser humano no vea la necesidad de Dios como una opción válida, sino como una negación de su propio poder. Sin embargo, allí donde la debilidad humana se hace más patente, Dios es tenido más en cuenta.

Ahora podemos preguntarnos, ¿en qué sentido es débil la persona de nuestros días? Solo tenemos que mirar la fragilidad de un enfermo, el miedo o la ansiedad que experimentamos en las sociedades modernas, el temor al fracaso, la angustia de la violencia de género, la inseguridad ante la pérdida de un empleo...

El cristiano no está exento de todo esto; la Escritura no tiene interés en crear superhombres, o supermujeres, inmunes

---

[22] Vine, Débil, *Diccionario expositivo de palabras del Nuevo Testamento* (Terrassa: Clie, 1984), I:381.
[23] Link, Debilidad, *Diccionario teológico del Nuevo Testamento* (Salamanca: Sígueme, 1980), II:9.

al dolor o al sufrimiento. Todo lo contrario, muestra de una forma descarnada la debilidad humana, ya sea de un rey, un vasallo o un discípulo de Jesús. La verdadera fortaleza no está en creer que no necesitamos a nadie, sino en aceptar que estamos vacíos sin Dios. Por eso, *lo débil del mundo escogió Dios, para avergonzar a lo fuerte* (1 Cor 1.27); y cuando el apóstol Pablo corría el peligro de exaltarse demasiado, le fue dado un aguijón en la carne sobre lo cual rogó que desapareciera y se le respondió *bástate mi gracia; porque mi poder se perfecciona en la debilidad* (ἀσθένεια) (2 Cor 12.9) y *cuando soy débil* (ἀσθενέω), *entonces soy fuerte* (v. 10). Santiago nos recuerda que Elías era hombre sujeto a *pasiones semejantes* (ὁμοιοπαθής) a las nuestras (Stg 5.17).[24] Los griegos usaban πάθος (palabra que se traduce por pasión y que, primariamente, alude a lo que uno sufre) para referirse tanto a los deseos buenos como a los malos, aunque en el Nuevo Testamento, señala Vine, siempre se usa de los malos.[25, 26] Sin embargo, la oración de Elías fue contestada a pesar de sus pasiones y, yo diría, por su debilidad; entre otras cosas, porque si no fuera débil no necesitaría la oración.

En segundo lugar, el Espíritu Santo ayuda al creyente (συναντιλαμβάνομαι) (Ro 8.26). Una pregunta asalta rápidamente nuestra mente: ¿cómo nos ayuda el Espíritu Santo en nuestra debilidad? De manera especial, esta pregunta es manifiesta cuando pasamos por dificultades y no vemos muchos recursos a nuestro alcance. Juan Calvino comenta sobre este verbo:

> *Aquí la palabra griega utilizada por el apóstol, sunantilambánetai, tiene gran fuerza para expresar esta ayuda y*

---

[24] La misma palabra se usa en Hechos 14.15 cuando Bernabé y Pablo señalan que son hombres semejantes a vosotros.
[25] Vine, Pasión, *Diccionario expositivo*, III:142.
[26] Ver Romanos 1.26; 7.5; Gálatas 5.24; Colosenses 3.5; Santiago 4.1; 1 Tesalonicenses 4.5...

expresa mucho más que la palabra auxilio, pues significa que el Espíritu, tomando sobre sí nuestra carga, no solamente nos ayuda y socorre, sino que nos alienta y alivia ni más ni menos que si llevase con nosotros todo el peso.[27]

En efecto, la palabra griega significa tomar en lugar de y juntamente con. Es decir, el Espíritu Santo toma sobre sí todo el peso, pero al mismo tiempo lo hace juntamente con nosotros. Esto no solamente aligera la carga, sino que alivia el corazón. Pongamos un ejemplo. Imaginemos un padre de familia que solicita a su hijo pequeño de 5 años que le ayude a mover un mueble. Todo el peso lo lleva el padre, pero el hijo es involucrado en esta acción y se siente partícipe. El padre toma en lugar de su hijo todo el peso, pero lo lleva juntamente con él. La fragilidad del hijo es manifiesta, pero se supera con la fortaleza de su padre que le ayuda en su debilidad.

Dicho esto, todavía el apóstol Pablo nos muestra algo más respecto a la ayuda del Espíritu diciendo que intercede por nosotros (ὑπερεντυγχάνω) con gemidos indecibles. La palabra ὑπερεντυγχάνω solo aparece aquí en todo el Nuevo Testamento, y se compone de ὑπερ, que significa a favor de y ἐντυγχάνω, que significa primariamente *encontrarse con a fin de conversar; luego hacer petición y, especialmente, interceder, rogar a alguien, bien a favor o en contra de otros.*[28]

El apóstol no solo nos indica lo que hace el Espíritu, sino cómo lo lleva a cabo: con gemidos indecibles.

La palabra gemidos (στεναγμός) se usa varias veces en los LXX para referirse al dolor que causa la opresión (Ex 2.24; 6.5), o el parto (Gen 3.16), o la prisión (Sal 101.21), o el desgaste de los años (Sal 31.10), o la falta de descanso que conlleva el sufrimiento (Jer 51.33). Todavía el apóstol es más gráfico,

---

[27] Juan Calvino, *Epístola a los Romanos* (Grand Rapids: SLC, 1977), p. 216.
[28] Vine, Interceder, *Diccionario expositivo*, II:260.

pues nos dice que esos gemidos son indecibles (ἀλάλητος), es decir, aquello que no se puede expresar con palabras. Esto quiere decir que el Espíritu Santo se identifica con nuestra debilidad y sufre juntamente con nosotros gimiendo en nuestra angustia y dolor.

Todavía hay más. El apóstol, en el verso 26, introduce una frase que, aparentemente, se aparta del fluir del texto, pero no. Dice: *Pues qué hemos de pedir como conviene, no lo sabemos, pero el Espíritu mismo intercede...* Si terminara aquí el texto, nos quedaríamos un poco despistados, pero Pablo añade en el verso siguiente: conforme a la voluntad de Dios intercede por los santos (v. 27). ¿Qué quiere decir todo esto? Cuando una persona atraviesa profunda necesidad y requiere auxilio, su dolor y gemir es tan fuerte que puede llegar al desvarío. Es víctima de la desesperación. Ahí es donde actúa el Espíritu Santo, pues, mientras que esa persona no sabe pedir como conviene, el Espíritu intercede conforme a la voluntad de Dios, por lo que se asegura la aceptación de la oración. De ahí que los versos 28 en adelante sean un deleite de esperanza para el creyente y suenan como una dulce melodía para el alma abatida.

José María Martínez, en su exposición sobre la oración, nos dice lo siguiente:

> *El cristiano tiene el privilegio de orar a Dios. Instruido por su Palabra y guiado por su Espíritu, procurará orar conforme a la voluntad divina. Y lo hará con humildad, fervor y sinceridad. Pese a ello, su oración siempre será imperfecta; sus peticiones adolecerán de un cierto desconocimiento de los propósitos de Dios. ¿Será todo ello impedimento para que la oración sea oída y contestada? En modo alguno. El Espíritu Santo recoge, por así decirlo, esa oración y la corrige ajustándola perfectamente a la voluntad de Dios. De este modo, corregida, purificada de error, divinamente reformada, es elevada por él mismo al Padre.*[29]

---

[29] José María Martínez y Pablo Martínez Vila, *Abba, Padre* (Terrassa: Clie-Andamio, 1990), p. 69.

Oscar Cullmann concluye: *Es el Espíritu Santo el que habla en la oración.*[30] No obstante, Cullmann, más adelante, indica que el apóstol se está refiriendo, aunque no exclusivamente, a la glosolalia.[31] Tenemos que discrepar de Cullmann, ya que no hay nada en el contexto de Romanos 8.26 que nos remita a los dones espirituales, en general, o al de las lenguas, en particular. Además, ni siquiera en el capítulo 12 el apóstol trata el tema de las lenguas, mientras que sí que habla de profecía, servicio, enseñanza, exhortación...[32]

Creo que el sentido más amplio es preferible aquí para insistir en el socorro que recibe el creyente cuando está en medio de la angustia o la adversidad e inicia el proceso de rehabilitación. Es necesario, entonces, saber que el Espíritu Santo le ayudará con gemidos indecibles, transformando su propia oración, queja o lamentación para que alcance el trono de la gracia. Solo así se garantiza el poder de lo alto para ser más que vencedores (Ro 8.37) teniendo claro que nada ni nadie nos podrá separar del amor de Dios que es en Cristo Jesús, Señor nuestro (Ro 8.38-39). Es en este contexto que el apóstol culmina su exposición diciendo: *Y sabemos que a los que aman a Dios, todas las cosas les ayudan a bien* (Ro 8.28).

La acción de la Palabra

Dios restaura al que cae a través de la acción de la Palabra (2 Tm 3.16-17). Estamos ante uno de los textos más importantes de la teología bíblica en relación a la autoridad de la Palabra de Dios en la vida del creyente, por lo que será conveniente detenernos y desgranarlo poco a poco.

---

[30] Oscar Cullmann, *La oración en el Nuevo Testamento* (Salamanca: Sígueme, 1999), p. 129.
[31] Cullmann, *op.cit.*, p. 137.
[32] Romanos 12.6-8.

El verso anterior habla del efecto que pueden causar las Escrituras desde la niñez permitiendo adquirir sabiduría al creyente: te pueden hacer sabio para salvación por la fe (v. 15). Timoteo había sido instruido desde pequeño en los caminos del Señor. Pablo mismo recuerda que su abuela Loida tenía fe, y su madre Eunice también. Estas supieron transmitirle la Palabra de Dios desde el principio, por lo que la fe que Timoteo tenía no era fingida (2 Tm 1.5). Pablo usa aquí la palabra ἀνυπόκριτος, que significa sin hipocresía.

A continuación viene el texto objeto de nuestra consideración.

En primer lugar, el apóstol dice que toda la Escritura tiene un origen divino: (πᾶσα γραφὴ θεόπνευστος). ¿Qué tenía en mente Pablo cuando hablaba de toda la Escritura? Mucho se ha escrito sobre todo esto, pero podríamos concluir que el apóstol se está refiriendo a las Escrituras reconocidas por el pueblo de Dios hasta la fecha. Recordemos que el verso anterior habla de que Timoteo sabía las Sagradas Escrituras desde pequeño; es evidente que se trata de la Ley, los profetas y los salmos (Escritos), ya que ninguna parte del Nuevo Testamento estaba escrita durante la infancia de Timoteo. Dicho esto, también podemos apuntar que hay otros textos y aseveraciones claras en el Nuevo Testamento que permiten concluir que también han de ser considerados Escritura Sagrada los Evangelios, Hechos, cartas de Pablo... y fueron reconocidos por la Iglesia como escritos con autoritativos.

Aquí tenemos que introducir el tema de la *inspiración*. Nuestro texto dice que *toda Escritura es inspirada* (θεόπνευστος) *por Dios*. Esta palabra viene de θεός (Dios) y πνέω (soplar, respirar) y se trata de un *hápax legomena*. Literalmente: Dios-soplada. Esto es muy trascendente, ya que nos indica el origen de la Escritura: Dios.

Hay otro texto clave en relación a este tema: 2 Pedro 1.21, *los santos hombres de Dios hablaron siendo inspirados por el Espíritu Santo*. Aquí, Pedro no usa la misma palabra que Pablo, sino φέρω, que significa llevar o traer; también impulsar.

¿A dónde queremos ir a parar? Pablo nos habla del origen de la Escritura (Dios, lo que representa la dimensión divina de la inspiración) y Pedro nos indica la manera en que se llevó a cabo (hombres impulsados por el Espíritu de Dios, lo que representa la dimensión humana de la inspiración). Estos dos textos nos permiten concluir que Dios se valió de personas (dimensión humana) para que pusieran por escrito su Palabra (dimensión divina) con el fin de que sirviera de guía para la humanidad en general y para la Iglesia en particular. En este sentido, es clave descubrir los principios eternos (dimensión divina) y entresacarlos del contexto sociocultural (dimensión humana) en que fueron escritos, lo que representará una norma objetiva, una instrucción para la vida que no dependa de intereses personales, partidistas, religiosos, políticos o económicos.

Decíamos antes que esto era muy importante porque es la base sobre la que sustentaremos lo que viene a continuación; es decir, la utilidad de la Palabra de Dios. Dicho de otra forma, si la Biblia no viene de Dios, ¿cómo podemos estar seguros de que es beneficiosa para nosotros?

En segundo lugar, el apóstol manifiesta que toda la Escritura es *útil* (ὠφέλιμος). La Palabra de Dios no tiene que ver, solamente, con un compendio de filosofía metafísica, sino con un mensaje vital para el ser humano, aquí y ahora, dando respuesta a las grandes preguntas de la existencia. La palabra usada en este texto indica aquello que es provechoso. Se usa en 1 Timoteo 4.8, donde se dice que el ejercicio corporal para poco aprovecha en comparación con la piedad que es provechosa para todo; el apóstol añade, *pues tiene promesa de esta vida presente y de la venidera.* Así que lo provechoso tiene que ver con resultados positivos a corto y a largo plazo. En este sentido, toda la Escritura es provechosa, beneficiosa, ya que producirá efectos positivos en la vida de aquellos que se dejen guiar por ella. No es extraño releer algunos textos que, en su momento, nos decían poco y, en una situación determinada, parece que cobran vida; en este sentido, nuestro estado de ánimo, experiencia personal..., tendrán mucho que ver en cuanto a nuestra percepción de la Palabra de Dios y su significado para nosotros.

En tercer lugar, los beneficios de la Escritura tienen que ver con cuatro aspectos: enseñar, redargüir, corregir e instruir. Veamos cada uno de ellos:

Enseñar (διδασκαλία): la forma verbal, διδάσκω, significa *la acción repetida una y otra vez (por la reduplicación del presente: di-) de tender (sufijo incoativo: -sko) la mano para posibilitar la acción de recibir.*[33] Esto es muy descriptivo, pues lo que Pablo indica es que la Palabra de Dios tiende la mano repetidamente, para posibilitar que la persona reciba lo que tiene que ofrecerle. En las cartas pastorales es como un término técnico para designar la doctrina (1 Tm 1.10; 4.16; 6.1, 3; 2 Tm 3.10; Tit 2.1). La Palabra de Dios es útil para que la persona que ha caído pueda conocer la sana doctrina.

Redargüir (ἐλεγμός): esta palabra significa probar por demostración, convencer y puede llegar a indicar represión. La Palabra de Dios es útil para convencer a la persona de su error. Esto es importante, porque en un momento de tropiezo, todo queda trastocado en la vida de la persona, por lo que necesita ser confrontada con una base objetiva: la Palabra de Dios. La persona verá reflejada, como en un espejo, su propia condición y eso le ayudará a reaccionar.

---

[33] K. Wegenast, Enseñanza, *Diccionario teológico*, op.cit., II:79.

Corregir (ἐπανόρθωσις): literalmente, significa restauración a un estado recto o correcto.[34] La Palabra de Dios es útil para provocar corrección y un estado de mejora en la vida, ya sea personal o comunitaria. Un término similar se usa en Lucas 13.13 al hablarnos de una mujer que tenía una enfermedad y andaba encorvada; el texto es enfático cuando dice *y de ninguna manera se podía enderezar* (v. 11). El verso 13 añade: *Puso las manos sobre ella; y ella se enderezó (ἀνορθόω) luego, y glorificaba a Dios*. Es interesante ver cómo, en este texto, el efecto de enderezar genera reconocimiento de la gloria de Dios. La idea es la de enderezar aquello que está torcido, corregir lo que es defectuoso... Esto, por un lado, nos da la idea de *esfuerzo* (pensemos lo que cuesta enderezar algo que está torcido) y de *proceso* (no es algo instantáneo, sino que implica tiempo, desarrollo, progreso..., a no ser que sea un milagro como el de la mujer encorvada de Lucas).

Instruir (παιδεία). La forma verbal significa, primariamente, instruir niños llegando a denotar el concepto de educación. También puede significar disciplinar, bien por medio de la corrección o exhortación o por el castigo.[35] παιδεύω, en la Septuaginta, aparece 41 veces como traducción del hebreo yäsar, que significa *castigar, disciplinar, corregir*.[36] El sustantivo παιδεία, en los LXX, aparece 37 veces traduciendo a *müsär*, que significa castigo, disciplina. Los términos hebreos, señala Fürst, designan, primeramente, el castigo que el padre ha de aplicar al hijo (Dt 21.18; Prov 13.24) y el castigo que Dios ha consentido que caiga sobre su siervo por la salvación de su pueblo (Is 53.5). Dios castiga a causa del pecado (Lv 26.18, 28),

---

[34] Joseph Henry Thayer, *A Greek-English Lexicon of the New Testament* (Grand Rapids: Zondervan Publishing House, 1981), p. 228.
[35] Vine, Castigar, *Diccionario expositivo*, I:240.
[36] D. Fürst, Educar, *Diccionario teológico del Nuevo Testamento*, II:59.

pero con medida (Jer 10.24; 46.28).[37] No en vano, el texto de Pablo a Timoteo añade en justicia. Esto es interesante, ya que muchas de nuestras medidas disciplinarias puede que no se ajusten a este parámetro, sino que estén más interesadas en la aplicación radical de un legalismo falto de vida, carente de amor y víctima de la tiranía.

Estos cuatro términos parecen dar a entender un proceso que va, in crescendo, de lo superficial o mecánico (acción de repetir) a lo más profundo (educación). Es decir, la formación de una persona y su desarrollo espiritual se inicia por la enseñanza (doctrina), sigue con la represión (convencer del error), continúa con la corrección y termina con la disciplina (parte importante de la educación de una persona). Para todo este proceso es necesaria la Palabra de Dios.

Pongamos un ejemplo: imaginemos que estamos *enseñando* a un niño acerca del amor de Dios y le indicamos que es mediante el amor de Dios que nosotros podemos tener vida eterna (doctrina). Si el niño se comporta con agresión y violencia hacia otro niño, de forma injusta, podemos pasar al siguiente nivel en su educación, que es la *reprensión*, indicándole que no está bien lo que está haciendo y convencerle de su error. En su formación, todavía tenemos que dar un paso más y es el de la *corrección*, mostrándole lo que hubiera sido una conducta correcta ante el otro niño y modificar el daño causado (enderezar lo torcido). Por último, tenemos que dar el paso con el niño de la *disciplina*, ya que todas las conductas negativas tienen unas consecuencias que hay que saber asumir.

Si aplicamos este proceso a cualquier persona, el resultado más probable será positivo y fructífero; de manera especial, en aquellos que han caído: enseñar, reprender, corregir, disciplinar.

---

[37] *Ibid.*

Dicho esto, merecería la pena concluir que quien desarrolla todo este proceso es la Palabra de Dios, no tanto nosotros. Todo ello ha de estar orientado hacia la meta final que nos enseña la Escritura en el siguiente verso y que tratamos a continuación.

En cuarto lugar, el origen (*Dios-soplada*) y la utilidad de la Escritura (*provechosa para...*) llevan al creyente hacia una *meta final*: la maduración. *A fin de que el hombre de Dios sea perfecto, enteramente preparado para toda buena obra* (2 Tm 3.17).

La palabra perfecto es ἄρτιος. Esta palabra designa aquello que es recto, proporcionado, propio, idóneo, adecuado. No conlleva tanto la idea de perfecto, sino que se refiere a una persona que está totalmente equipada. Schippers dice que esta palabra no tiene tanto un significado cualitativo, sino funcional.[38] Dios tiene interés en preparar, equipar a los creyentes para que puedan desarrollarse como personas; esto es interesante, ya que no se trata tanto de acumular conocimientos teóricos sobre las Escrituras, sino de integrarlos en la vida cotidiana, en la vida personal, en la relación con los demás, en el mundo de los negocios, en la familia, en la iglesia, en el vecindario...

La palabra perfecto que acabamos de considerar está asociada y relacionada con un participio perfecto pasivo (ἐξηρτισμένος), enteramente preparado. Esta palabra significa, básicamente, equipar, con lo que estaríamos ante una frase redundante. El apóstol Pablo nos está indicando que el hombre de Dios ha sido equipado a partir de la acción de la Palabra de Dios. Dicho de otra forma, la Palabra de Dios es provechosa para equipar al creyente y prepararle para las buenas obras.

En el proceso de restauración o rehabilitación de la persona que ha caído, la meta ha de ser la maduración espiritual y esto

---

[38] R. Schippers, Perfecto, *Diccionario teológico del Nuevo Testamento*, III:347.

solo se puede conseguir a partir de la acción de la Palabra de Dios. No hay otro medio de renovación. Es la Escritura la que nos equipa adecuadamente para desarrollarnos como creyentes y como personas. No interesa tanto quién haya caído, ni cómo, ni dónde, ni cuándo, ni por qué. Lo importante es que la Palabra de Dios puede actuar provechosamente y producir unos efectos maravillosos en la vida de cualquier persona y en medio de las más diversas circunstancias.

El autor de la carta a los Hebreos nos dice que *la palabra de Dios es viva y eficaz, y más cortante que toda espada de dos filos; y penetra hasta partir el alma y el espíritu, las coyunturas y los tuétanos, y discierne los pensamientos y las intenciones del corazón* (Heb 4.12). Las palabras viva y eficaz son muy ilustrativas. La palabra viva (ζῶν) es un participio presente que indica continuidad y podríamos traducirla como revitalizante, vivificante. Eficaz (ἐνεργής) significa algo así como energética. El texto, además, añade: *y discierne* (κριτικός), que significa con capacidad para juzgar.[39]

Este texto nos indica que el poder de la Palabra de Dios en la vida de una persona es inmenso, pues es capaz de llegar a lo más profundo de nuestro ser, derrumbar argumentos y presentarnos a nosotros mismos tal y como somos, pecadores. Pero no termina ahí su acción; su poder trasciende lo humano y permite nuestra recuperación espiritual revigorizando nuestra alma a pesar de la caída; es como si nos llenara de nueva energía para seguir avanzando en nuestro caminar diario. Es evidente, entonces, que la Palabra de Dios es la fuente a la que hemos de acudir en el proceso de recuperación espiritual de aquellos que caen.

---

[39] De esta palabra viene nuestro castellano crítica.

La disciplina divina

Dios restaura al creyente que tropieza a través de la disciplina (Heb 12.5 y ss.). Aquí nos encontramos con uno de los textos más apasionantes sobre la relación que se establece entre Dios y el creyente. En todo proceso educativo, la disciplina es una pieza fundamental. La tenemos en la escuela, en la familia, en el trabajo, en la sociedad...

Antes de ver lo que nos enseña este pasaje, vamos a detenernos en la terminología usada por el autor de la carta a los Hebreos. Veamos la siguiente tabla en la que podemos contemplar los términos usados en el texto original y la traducción que aparece en la Versión Reina-Valera de 1960:

Texto	Reina-Valera 60	Texto griego
Verso 5	*Disciplina* del Señor *Reprendido* por él	παιδεία ἐλέγχω
Verso 6	Al que ama *disciplina* *Azota*... hijo.	παιδεύω μαστιγόω
Verso 7	Soportáis la *disciplina* ...padre no *disciplina*?	παιδεία παιδεύω
Verso 8	Deja sin *disciplina*...	παιδεία
Verso 9	Padres terrenales nos *disciplinaban*	παιδεία
Verso 10	Aquellos... nos *disciplinaban*	παιδεύω
Verso 11	Ninguna *disciplina*...	παιδεία

Todas las veces que aparece la palabra disciplina, traduce el griego παιδεία o su forma verbal παιδεύω. Este término ya lo hemos comentado más arriba cuando hablábamos de la utilidad de la Palabra de Dios para instruir en justicia.

Ahora bien, parece que aquí la traducción de disciplinar en lugar de instruir es preferible porque el contexto así lo aconseja. Podemos hacer varias observaciones a esta tabla que acabamos de ver:

Primeramente, la disciplina es del Señor y no ha de ser menospreciada. Este pasaje recoge unas palabras del libro de Proverbios (Prov 3.11-12). En el texto de Proverbios, se relaciona el castigo con la corrección. Además, el sustrato teológico es claro aquí a la luz de la Torá, ya que la bendición es consecuencia de la obediencia y la maldición es resultado de la desobediencia (Dt 28). Esto lo tuvo que aprender Israel a lo largo de los siglos. Detrás de los acontecimientos políticos y sociales del pueblo de Dios está la mano del Señor guiándoles hacia la santidad.

En segundo lugar, la disciplina se identifica con el amor. La relación es de padre-hijo y es una relación de amor que no puede estar exenta de disciplina, ya que lo que motiva al Padre es la corrección de sus hijos. Proverbios 3.12 insiste: *porque Jehová al que ama castiga* (יוֹכִיחַ). Esta palabra (castigar) se traduce por reprender (Job 6.25; Prov 30.6), reprochar (Job 13.10), castigar (Sal 94.10; Prov 3.12), reprobar (Is 11.3). La palabra amar (יֶאֱהַב), cuando se refiere a Dios en relación a su pueblo, está vinculada, a menudo, al hecho de haberlo escogido como pueblo propio siendo una elección soberana (Os 11.1; Dt 4.37; 7.7 y ss.; Jer 31.3).

En tercer lugar, la disciplina de Dios se compara con la acción de un padre hacia sus hijos. Cualquier padre disciplina a su hijo porque desea lo mejor para él y ha de corregir aquellas tendencias innatas que lo apartan del buen camino. Basta repasar el libro de Proverbios para verificar la responsabilidad de dirección y corrección que tienen los padres sobre sus hijos y esto tiene como motivación y fundamento la acción de Dios hacia los suyos.

En cuarto lugar, la disciplina se relaciona con la reprensión y el azote. Parece como si esto solo tuviera que ver con la violencia, pero la disciplina que aquí se está ejemplificando se aleja de ello y promueve la santidad y el provecho de la persona disciplinada. Este aspecto lo desarrollaremos más adelante.

Pasemos ahora a considerar el texto objeto de nuestra atención y a relacionarlo con el proceso de restauración de la persona que cae.

Primeramente vamos a considerar que mientras que la disciplina es del Señor, la actitud de sus hijos ha de ser la de no menospreciarla (Heb 12.5). La palabra usada aquí es ὀλιγωρέω, que significa pensar ligeramente, desacreditar, menospreciar, hacer pequeña cuenta o tenerla en poco.

Hay varias reacciones posibles ante la disciplina. Por un lado, estaría el menosprecio y el desprecio, signos de prepotencia y orgullo; por otro, el enfrentamiento y la rebeldía como consecuencia del rechazo de la disciplina; por último, el desfallecimiento y el desaliento al pensar que es injusta y no la merecemos. El autor de la carta a los Hebreos nos anima a no reaccionar negativamente ante la instrucción y corrección del Señor, y lo hace tratando de motivarnos al mostrarnos cómo es el Señor y lo que pretende con ella. Ante todo es una medida de amor hacia sus hijos.

En segundo lugar, la disciplina demuestra el interés que Dios tiene por los suyos (Heb 12.6-8). Lo que nos muestran estos textos es el hecho de que la disciplina es una prueba de que somos hijos de Dios. Supongo que todos conoceremos a alguien cuyos hijos han estado faltos de dirección y disciplina. El efecto que producen es rechazo, ya que se han convertido en personas egoístas, déspotas, autoritarias, ligeras de mente, maleducadas, consentidas...; en una palabra, insoportables.

Hay un texto del Antiguo Testamento que ilustra la falta de disciplina de un padre hacia sus hijos. El sacerdote Elí tenía dos hijos, Ofni y Finees, cuya conducta se apartaba de los caminos del Señor porque *eran hombres impíos y no tenían conocimiento de Jehová* (1 Sam 2.12), a pesar de haber crecido en una casa sacerdotal. El capítulo 2 de 1 Samuel describe el pecado de los hijos de Elí y el castigo del Señor sobre ellos. El capítulo 3 trata del llamamiento de Samuel y el mensaje de Dios respecto a Elí; lo dramático de esta situación es que el sacerdote Elí no había cumplido con su responsabilidad de padre, ya que no había desarrollado ninguna disciplina a pesar de la mala conducta de sus hijos: *Y le mostraré que yo juzgaré su casa para siempre, por la iniquidad que él sabe; porque sus hijos han blasfemado a Dios, y él no los ha estorbado* (1 Sam 3.13). ¿Amaba Elí a sus hijos? Yo no me atrevo a decir que no; seguramente era un amor equivocado.

La mejor muestra de amor de un padre hacia sus hijos tiene que ver con la orientación y la corrección; siempre es doloroso para un padre la disciplina de sus hijos, pero es una medida de amor corregirlos cuando se desvían del camino correcto. Hay que limar el mal carácter, reorientar las tendencias innatas, superar el egoísmo, corregir las malas conductas..., aspectos que se manifiestan desde la más temprana infancia. Dice la Escritura: *Instruye al niño en su camino, y aún cuando fuere viejo, no se apartará de él* (Prov 22.6). Una traducción quizás más adecuada sería *instruye al niño en la boca de su camino...*; es decir, en los inicios de su vida. Lo podríamos comparar con un árbol; si se tuerce, es fácil enderezarlo cuando es pequeño; pero, si han pasado los años y se ha hecho robusto, no podremos corregir su inclinación.

Otro detalle interesante es que el texto nos dice que todos han sido participantes de la disciplina (Heb 12.8). Cuando un hijo ve que su padre es severo con él pero condescendiente con sus hermanos, produce un efecto negativo en su propia vida y en la relación que se establece entre los dos. Sin embargo, el texto nos indica que todos somos participantes de la disciplina del Señor; es decir, Dios ha dejado su Palabra para todos, en la cual somos instruidos y estamos llamados a seguir sus caminos con el ejemplo máximo de su propio hijo Jesús. Por eso es tan importante conocer bien la Palabra de Dios, lo que genera responsabilidad ante el Señor.

En tercer lugar, el resultado de la obediencia a Dios es la vida (Heb 12.9). Los hijos bien instruidos y disciplinados respetan a sus padres. Esto es corroborado por el texto que nos ocupa cuando dice *y los venerábamos* (ἐντρέπω). El autor de la carta a los Hebreos hace una triple comparación en este texto. Veámoslo en la siguiente tabla:

Padre	Educación	Efecto
Terrenal	Disciplina	Veneración
Espiritual	Obediencia	Vida

Dios nos ha dejado su Palabra que, al igual que la Torá, es una instrucción para la vida. El Antiguo Testamento está lleno de expresiones como estas: *Apártate del mal, y haz el bien y vivirás para siempre* (Sal 37.27), *Guarda mis mandamientos y vivirás* (Prov 4.4; 7.2), *Guarda sus estatutos..., para que te vaya bien a ti y a tus hijos...* (Dt 4.40; 5.16, 29, 33). El efecto que producirá aprender y vivir de acuerdo a las instrucciones de Dios es la vida, y no solo se está refiriendo a vida eterna, sino también a la calidad de vida que ahora podemos desarrollar, caracterizada por la paz, el sosiego, el bienestar, la salud... En definitiva, obedecer la Palabra de Dios es saludable.

En cuarto lugar, la disciplina divina es provechosa y promueve la santidad (Heb 12.10). De nuevo vuelve a insistir en la comparación con los padres terrenales, que disciplinaban como a ellos les parecía. Los padres no somos perfectos, hacemos lo que podemos, según nos parece lo mejor; pero eso no es una garantía de hacer lo correcto, ya que hay muchos aspectos que influyen en nosotros mismos: el estado de ánimo en un momento determinado, nuestra familia de origen, las circunstancias que pasamos en la vida, nuestra propia personalidad y carácter, las presiones sociales... Dios no está sujeto a estas limitaciones. Por eso, su disciplina (instrucción y corrección) es provechosa (συμφέρω) y promueve la santidad. La misma palabra se usa en 1 Corintios 6.12 y 10.23, cuando el apóstol dice: *Todas las cosas son lícitas, mas no todas convienen, todo me es lícito, pero no todo conviene.* Se refiere a aquello que es beneficioso para la persona. Hay cosas que no son malas en sí mismas, pero no son de provecho, no edifican o no promueven el bien común, aunque tampoco destruyen. Esto tiene que ver con un alto principio de la convivencia y la comunidad. Por ello, la Palabra de Dios nos orienta a hacer aquello que es provechoso para uno mismo y para los demás, a seleccionar lo excelente por encima de lo bueno.

Esto es lo que hará que podamos participar de la santidad del Señor. En la medida en que nos apartamos de aquello que desagrada a Dios, del pecado y aprendemos a seleccionar lo que es provechoso para el Reino de los Cielos, estamos participando de su santidad.

Esto será muy importante para la persona que ha caído, ya que deseará recuperar la dignidad que tiene como hijo de Dios y volver a participar de la santidad del Señor, que proveerá vida abundante. Solo hay un camino: el de la guía de la Palabra de Dios y su disciplina. Ello implica dominio propio y renuncia no solo del pecado, sino de todo aquello que obstaculiza la buena comunión con Dios. Por ello, el autor de la carta a los Hebreos comienza este capítulo diciendo: *Por tanto, nosotros también, teniendo en derredor nuestro tan grande nube de testigos, despojémonos de todo peso y del pecado que nos asedia, y corramos con paciencia la carrera que tenemos por delante* (12.1). La ilustración que usa el autor de Hebreos es pertinente, ya que está pensando en un atleta y en la carrera que tiene que correr. Por eso indica que tiene que abstenerse de aquello que es perjudicial (no provechoso) para la tarea que tiene por delante. Habrá cosas que las tendrá prohibidas y otras que representarán un obstáculo (peso) y le impedirán correr bien. Por ejemplo, no podrá correr bien si su alimentación no ha sido la adecuada, o si no tiene el vestido y el calzado apropiados... Se trata de cosas triviales, llenas de sentido común para un atleta. De la misma forma, el creyente que desea avanzar en la vida cristiana y cumplir con los planes de Dios, tendrá que seguir sus instrucciones, mantener una disciplina vital y renunciar a ciertas cosas que, siendo legítimas, le estorbarán para llegar a la meta. De manera especial, la persona que ha caído deberá seguir un proceso estricto de rehabilitación para recuperar la autoestima y volver a ser un siervo del Señor, útil, lleno de vida y participante de la santidad de Dios.

Por último, el resultado final de la disciplina divina es la paz y la justicia (Heb 12.11). El autor de la carta a los Hebreos, lleno de realismo, indica la reacción humana ante cualquier medida disciplinaria: no causa gozo, sino tristeza. Pensemos en nuestros propios hijos, cuando tenemos que decirles que no a algo, porque sabemos que no es lo mejor para ellos. Su reacción natural es de tristeza, frustración, enfado, rechazo... Los padres solemos recurrir a la frase aprendida de nuestros antepasados: cuando seas padre lo comprenderás. Cuando éramos hijos no lo entendíamos, pero cuando nos convertimos en padres suspiramos ¡cuánta razón tenían mis padres!

¿Cuál es el resultado final de la disciplina divina? El autor de la carta a los Hebreos nos dice: *fruto apacible de justicia a los que en ella (la disciplina) han sido ejercitados*. Aquí hay mucha sabiduría.

La disciplina, por sí sola y de manera aislada, no produce fruto. Es necesario ser ejercitado en ella. Esto nos habla de constancia, de perseverancia, de resistencia. ¡Cuántos padres hay que claudican ante la insistencia de sus hijos y les causan un daño emocional difícil de reparar! Por ejemplo, en psicología se habla de los refuerzos positivos y negativos. Imaginemos una madre que va a comprar con sus hijos y en el supermercado el niño le pide unas golosinas. La madre le dice que no, ya que falta poco tiempo para la comida. El niño insiste. La madre se reafirma. El niño empieza a alzar la voz y a ponerse impertinente exigiendo lo que desea con un volumen que va in crescendo. La madre, con tal de no oír más a su hijo y evitar el escándalo, le da lo que pide (refuerzo positivo que potenciará en el futuro la misma conducta del niño al asociar que el lloro y el pataleo le permiten obtener lo que desea). El niño, feliz, da un beso a su madre y las lágrimas se convierten en sonrisa. ¿Quién ha ganado la batalla? Y no solo esto, ¿qué ha aprendido el niño? La madre que ha claudicado ha enseñado a su hijo que cada vez que llore y amenace con un escándalo público, podrá salirse con la suya y le darán lo que pide. Los niños son así de inteligentes. Aprenden rápido. Por ello, es necesaria e imprescindible la firmeza en todo proceso disciplinario, y hay que tener claro qué es lo más beneficioso y provechoso para nuestras vidas y las de los que nos rodean. En el ejemplo de la madre, haber dicho que no a su hijo primeramente y haber terminado dándole lo que pedía, ¿produce fruto apacible de justicia? La respuesta es obvia, pero los padres siguen sin aprender esta lección tan importante y básica. El resultado será un niño caprichoso que volverá a manipular a sus padres cuando lo desee.

Sin embargo, la verdadera disciplina provee fruto apacible de justicia. Este será el efecto más visible de una buena disciplina. Es decir, por un lado se ha corregido aquello que era defectuoso o pernicioso (justicia) y, por otro, se puede experimentar bienestar, sosiego, al haber superado el pasado y abrir una ventana de aire fresco que orienta positivamente hacia el futuro (paz). El verso 1 del capítulo 12 de la carta a los Hebreos se iniciaba con una carrera, y el verso 11 termina con otra referencia a la vida del atleta: ser ejercitado. Una persona poco entrenada no podrá participar adecuadamente en una competición, pero si ha sido ejercitada en la disciplina, será capaz de enfrentarse a sus competidores y obtener el triunfo que premiará su esfuerzo y habrá merecido la pena. Por ello, la renuncia y la abstinencia de lo que no conviene tendrá como efecto la alegría y la gloria del triunfo (fruto apacible de justicia).

Para la persona que ha caído, la instrucción y corrección del Señor generará fruto apacible de justicia si es ejercitado en la disciplina divina, ya que aprenderá que Dios no pasa por alto el pecado (justicia) y al ser rehabilitado y recuperar su dignidad como hijo de Dios, estará en condiciones de socorrer a otros que pasen por circunstancias similares, lo que hará que se sienta bien consigo mismo y con los demás (paz, sosiego, bienestar).

CAPÍTULO 5

Agentes de restauración: los pastores

Hasta aquí hemos visto que para una restauración eficaz, la persona afectada ha de ser la principal interesada en el proceso de recuperación; de forma simultánea o paralela está la acción de Dios que fortalece al creyente, y le ayuda a través de la obra del Espíritu Santo y a través de la Palabra, instruyéndole y disciplinándole para corregir aquello que no está de acuerdo a su voluntad.

Ahora nos vamos a centrar en la obra pastoral. El Señor, normalmente, se ha servido de personas para desarrollar su obra. Ya en tiempos antiguos, Moisés tuvo que escoger a un grupo de personas para que le ayudaran en el trabajo diario, ya que la carga era excesiva para él solo. El texto bíblico refiere primeramente las cualidades especiales que tenían que tener esas personas (Ex 18.21: *varones de virtud, temerosos de Dios, varones de verdad, que aborrezcan la avaricia*) para pasar a puntualizar el trabajo que tenían que desarrollar (Ex 18.22: *Ellos juzgarán al pueblo en todo tiempo; y todo asunto grave lo traerán a ti, y ellos juzgarán todo asunto pequeño*).

En la historia de Israel, hubo un momento en que había que elegir a una persona que sustituyera al rey Saúl. Samuel siguió un proceso de selección pero, sensible a la voz de Dios, no encontró al elegido en los que tenían una imponente fortaleza física, sino en el que poseía un buen corazón (1 Sam 16.7).

Así, una y otra vez observamos que hay una sintonía entre las cualidades personales y la labor que Dios encomienda a sus siervos.

Me voy a permitir ampliar un artículo que publiqué hace unos años en relación al ministerio cristiano, y que representaba un esbozo sintético que pudiera servir como marco de referencia para un posterior desarrollo y estudio.[40]

Cualidades pastorales

El ministerio pastoral no es un don, sino un estilo de vida. Ser pastor o anciano no tiene que ver con el cargo, sino con el ejercicio de la responsabilidad y el servicio. En una sociedad corrompida como era la cretense (Tit 1.12), el apóstol Pablo consideró que la mejor estrategia para presentar el evangelio consistía en vidas transformadas por Jesucristo; es decir, personas cuyo estilo de vida pudiera servir como marco de referencia para su generación, dentro o fuera de la iglesia.

Por ello, el énfasis que detectamos en el Nuevo Testamento en cuanto a los ancianos y pastores tiene que ver con las cualidades espirituales, no con los dones. Es evidente que la Palabra de Dios no tiene en mente personas perfectas para poder desarrollar el ministerio, ya que, en ese caso, todos estaríamos incapacitados.

---

[40] Pedro Álamo, *La dimensión pastoral del ministerio cristiano* (Andamio: Barcelona, 1999), núm. 4, pp. 35 y ss.

Lo que la Escritura sugiere tiene que ver con personas dignas de ser imitadas. No se trata, entonces, de personas que no caerán jamás, sino de aquellas que desarrollan calidad de vida y que, cuando tropiezan, saben levantarse, volver al Señor y, después del proceso de restauración, siguen sirviendo a Dios, siempre conscientes de su debilidad y de la necesidad que tienen del Señor. Más adelante veremos algunos ejemplos bíblicos de la caída de grandes siervos de Dios y su proceso de restauración.

El problema con el que nos encontramos en nuestro evangelicalismo moderno es que se ha convertido a los pastores en semidioses, seres sobrehumanos que están por encima de las limitaciones de cualquier mortal, personajes que superan todos los obstáculos y tienen soluciones para todos los problemas. Conocen las debilidades de los miembros de la Comunidad, son sensibles a cada uno de ellos, saben llorar con todos y reír cuando es el momento apropiado; son prudentes, pero a la vez saben estimular a cada persona para que se esfuerce. El pastor conoce la diferencia entre mantener cierta distancia y permanecer cercano, intuye el estado emocional de cualquier miembro de la Comunidad (es casi un adivino), sabe enseñar, predicar, evangelizar, curar el alma; es pastor, médico, psicólogo, padre, amigo, hermano... Es incombustible, siempre accesible; tiene palabras de consuelo cuando es necesario, y de exhortación cuando es evidente; discierne cuándo es oportuno llamar a un miembro, cuándo es el instante de visitarlo y cuándo el momento en que no hay que tomar ninguna iniciativa. Nunca manifiesta malhumor, no se fatiga (ya que lo sostiene el Señor), no dice una palabra más alta que otra, es educado, formal, simpático, agradable, buen maestro, mejor marido, excelente padre... No es extraño que, cuando un pastor falla, todo el tinglado se venga abajo.

Y yo me pregunto, ¿qué imagen estamos queriendo crear y transmitir? El siervo de Dios no es perfecto, tiene sus debilidades, también frustraciones. Es un pecador arrepentido... La Biblia no esconde las miserias de los siervos de Dios y no por eso son rechazados por el Todopoderoso. ¿Qué diríamos de las mentiras de Abraham? ¿Y de la embriaguez y exhibicionismo de Noé? ¿Y de las ligerezas de Sansón? ¿Y de los caminos que siguió David? ¿Y de la cantidad de mujeres que tuvo Salomón? ¿O qué decir de la hipocresía del apóstol Pedro? ¿Quizás podríamos decir que Pablo era autoritario? Insisto, la Escritura *no esconde las debilidades* de los que sirven a Dios. Esto nos ha de enseñar a no endiosar a los pastores o ancianos, sino a considerarlos en mucha estima, incluso a pesar de sus flaquezas.

Entonces, ¿por qué el énfasis en la Escritura sobre las cualidades de los siervos de Dios? La respuesta no es fácil, pero se corresponde con el sentido común y el contexto general de la Palabra. Una persona podrá ejercer la labor pastoral si reúne los requisitos espirituales demandados por el Señor; lo cual no quiere decir que carezca de errores y pecados. Lo que ocurrirá es que cuando caiga, aceptará la instrucción, corrección y disciplina del Señor, lo cual le habilita para seguir sirviendo a Dios después del proceso adecuado de restauración.

La *tesis principal* que sostengo es que los pastores son personas con una serie de cualidades que permiten calibrar su talla espiritual, son seleccionadas por Dios para ejercer el ministerio pastoral y reconocidas por la Comunidad Cristiana, lo que les habilitará para socorrer al que tropieza. Un pastor no se puede imponer sin la aceptación de la iglesia; de lo contrario, ¿cómo va a pastorear?[41] Es a partir de esas cualidades personales que

---

[41] Recomiendo el excelente trabajo de José I. González Faus, *Ningún obispo impuesto (San Celestino, papa). Las elecciones episcopales en la historia de la Iglesia* (Santander: Sal Térrea, 1992.

evidencia que podrá desarrollar un ministerio eficaz que gozará del respeto de la comunidad y de la bendición de Dios.

No vamos a analizar cada una de las cualidades que menciona el apóstol Pablo y que son registradas en 1 Timoteo 3 y Tito 1, aunque sí enfatizaremos que las personas que las incorporan en su esencia vital manifestarán una talla espiritual digna de ser imitada y estarán en condiciones de participar en la restauración de los que caen. Para más detalles sobre las cualidades pastorales, sugerimos que se repase el apéndice al final de la obra.

Ahora bien, después de leer y repasar dichas cualidades, la pregunta que ahora seguramente nos asalta es: ¿dónde está este tipo de persona? ¿A quién conocemos que integre todas y cada una? ¿No estaremos idealizando el ministerio pastoral?

Tenemos que insistir, por un lado, en que no debemos caer en legalismos intransigentes y, por otro, en la importancia de mantener la enseñanza de la Palabra de Dios para el beneficio de la Comunidad. Los fariseos se consideraban a sí mismos *hassidim* (los piadosos); estaban seguros de la estricta observancia de la Torá y, sin embargo, cuántas veces denunció Jesús su lejanía del Dios de la Escritura. En una ocasión, el Maestro enseñó que subían dos personas a orar al templo, uno era fariseo y otro publicano. Uno oraba consigo mismo, recordando a Dios las grandes cosas que hacía, mientras que el otro, consciente de su pecaminosidad, ni siquiera se atrevía a levantar la vista al cielo y se golpeaba el pecho diciendo *Dios, sé propicio a mí, pecador* (Lc 18.10-13). Jesús dice que el publicano descendió a su casa justificado.

Esta historia nos recuerda que Dios declara justo a aquel que se humilla delante de él, reconociéndose pecador. De ahí que, cuando hablamos de las cualidades que tienen los pastores o ancianos, no hemos de mirar o buscar personas infalibles, sino pecadores arrepentidos que son capaces de seguir madurando y creciendo cerca del Señor; personas que, cuando tropiezan, buscan al Salvador; personas que, cuando pecan, se humillan ante Dios. Estas, y no otras, serán las que estén en mejores condiciones de socorrer a los que caen, porque serán conscientes de su propia miseria y habrán experimentado el dolor del pecado y la profunda misericordia divina, tal como le ocurrió a Pedro cuando negó al Señor tres veces y el Maestro le encomendó que apacentara sus ovejas.

Así las cosas, hemos de concluir que lo que Dios busca tiene que ver con personas cuya conducta normal sea la que refleja las cualidades espirituales recogidas en la Escritura. No se trata de la búsqueda de un ideal, sino de la realidad de personas seleccionadas por el Espíritu Santo, con buena reputación (buen testimonio). No se trata de alguien que nunca se ha airado o que nunca ha sido imprudente o poco sabio en sus decisiones. La Escritura nos orienta a seleccionar, para el ministerio pastoral, aquellas personas que, de manera normal, habitual, manifiestan en su vida cotidiana las cualidades espirituales aquí reflejadas, lo que las hace merecedoras de reconocimiento y dignas de confianza.

Solo así podrán ayudar a aquellos que caen, porque les servirán de modelo y aliento a pesar de las presiones a que estarán sometidos en todo el proceso de recuperación.

Seguro que, desde esta perspectiva, algunos nombres de personas que conocemos vendrán a nuestra mente, porque Dios las ha puesto en nuestro camino con el fin de que nos sirvan de estímulo y ayuda en nuestro andar diario. Se trata de personas que no miran por encima del hombro, sino que se acercan a nosotros desde la igualdad, la compasión y el amor genuinos.

Este es el tipo de personas al que merece la pena acercarse para encontrar la ayuda oportuna en momentos de necesidad, cuando las fuerzas flaquean o cuando la tentación nos ha vencido y nos ha hecho débiles y frágiles; su amor superará el reproche, su paciencia nos animará a levantarnos y su bondad nos permitirá caminar junto a ellos.

Funciones y responsabilidades pastorales

Las funciones y responsabilidades pastorales son muchas y variadas teniendo como prioridad las necesidades de las personas. Por ello el ministerio pastoral es mucho más que tarea administrativa; es más que predicación; es más que visitación y consejería...

La labor pastoral no se puede medir con los parámetros humanos que imperan en nuestra sociedad y que están orientados a la búsqueda del éxito o la eficacia. Cuando hablamos de ministerio pastoral no es conveniente enfocar el trabajo desde los resultados, sino desde las actitudes y funciones. Por más que un pastor se empeñe en ayudar a un miembro de la Comunidad, en muchas ocasiones nada podrá hacer, excepto orar (que no es poco), si esa persona no se lo permite. Dicho esto estamos en condiciones de esbozar algunos conceptos importantes respecto a las funciones pastorales.

Partimos de la base de que el Nuevo Testamento intercambia algunos términos para describir al mismo grupo de personas, enfatizando diferentes aspectos del ministerio: obispos, ancianos, pastores. ¿Cuáles son, entonces, las funciones pastorales que ayudarán en la recuperación espiritual a todo aquel que tropieza?

Una de las funciones pastorales tiene que ver con *apacentar*: Hechos 20.28; 1 Pedro 5.1-4.

Varios aspectos significativos aparecen en estos textos:

Primeramente, la Iglesia pertenece al Señor (la ganó con su propia sangre) y los obispos cuidan (ποιμαίνω, la misma palabra se emplea en Hechos y en Pedro) aquello que es del Señor, sirviendo como mayordomos. Esto parece obvio, pero en muchas ocasiones hemos visto personas que se comportan como si la iglesia fuera suya. Merecería la pena comparar este texto de Hechos con la denuncia profética que aparece en Ezequiel 34.10, donde se indica expresamente que los pastores se estaban apacentando a sí mismos.

En las zonas rurales se estilaba, y seguramente todavía es así, llevar a las ovejas y las cabras de los aldeanos a los pastos para proveerles del ejercicio y alimento necesarios. Al caer la tarde las devolvían a su propietario. Así que la labor pastoral tiene que ver con proveer el alimento necesario al rebaño de Dios (*cf.* Sal 23). En la despedida de Pablo en Mileto, en el mismo contexto, nos habla de que encomienda a los hermanos a Dios y *a la palabra de su gracia* (v. 32), con lo que el alimento espiritual es la Palabra de Dios.

En segundo lugar, apacentar tiene que ver con el cuidado de los miembros que el Señor ha puesto delante de nosotros: cuidando de ella (1 P 5.2). La palabra usada es ἐπισκοπέω, cuya raíz tiene que ver con la *actividad de ver o prestar atención a algo o a alguien*.[42] Originalmente se refería a la observación y, posteriormente, a la vigilancia, incluyendo el desvelo activo y responsable.[43] El sustantivo ἐπίσκοπος aparece ya en Homero y se usa para designar a una divinidad que *tiene la función de velar por el país o por los hombres que lo habitan y, también, y de un modo especial, por la observación de los convenios y por el mercado;*[44] es decir, se trata de velar por los ciudadanos y por su modo de vida. Más tarde se usaba para hablar de hombres que tienen una función en el estado. La forma verbal incorpora el significado de vigilancia o supervisión.

Así que los pastores son aquellos que se dedican a cuidar de los miembros de la Comunidad y velan por su seguridad,

---

[42] L. Coenen, Vigilar, *Diccionario teológico del Nuevo Testamento*, IV:366.
[43] *Ibid.*
[44] *Ibid.*

alimento y bienestar. El texto mencionado más arriba de Ezequiel (capítulo 34) continúa expresando cómo Dios cuidará de su rebaño y añade: *en buenos pastos las apacentaré, y en los altos montes de Israel estará su aprisco; allí dormirán en buen redil, y en pastos suculentos serán apacentadas sobre los montes de Israel* (v. 14). Los versos 15-16 indican claramente la labor del pastor:

- Dar alimento (apacentar).
- Dar cobijo y seguridad (aprisco).
- Buscar la perdida.
- Encaminar la descarriada.
- Curar la enferma (vendar).
- Fortalecer la débil.

Ahora bien, cuidar a una persona no significa darle siempre lo que pide, sino lo que necesita. Aquí nos podemos encontrar con un serio problema, pues la persona no satisfecha con lo que recibe de los pastores (consejo, alimento espiritual, orientación, consuelo, disciplina...) puede desarrollar una dinámica de queja, amargura, resentimiento..., y esto afecta al resto de la iglesia; en muchas ocasiones estas reacciones de los miembros son inconscientes, pero igualmente dañinas. Por ello es importante que el pastor esté convencido de las necesidades reales de los miembros de la Comunidad; lo que significa que el pastor está llamado no a contentar a la comunidad, sino a cubrir sus necesidades.

En tercer lugar, la labor pastoral ha de ser desarrollada con actitudes correctas: no por fuerza... no por ganancia deshonesta... no como teniendo señorío... (1 P 5).

El pastor persuade, no obliga; invita, no exige; enseña, no se enseñorea. Además, el texto es gráfico, porque habla del

Príncipe de los Pastores, lo que indica que todos los pastores tienen a alguien por encima a quien darán cuentas. ¡Cuántas veces hemos visto actitudes despóticas en el pastorado! ¡Cuántas veces ha habido manipulación! ¡Cuántas veces la imposición ha sido el sistema de dirección, en lugar del amor! ¡Cuántos pastores han creado un ambiente legalista que se ha ido alejando paso a paso de la libertad que tenemos en Cristo! Eso representa actitudes incorrectas que incapacitan a una persona para el ministerio pastoral y no es un caldo de cultivo adecuado para la recuperación de los que caen. Además, donde está el Espíritu del Señor, allí hay libertad (2 Cor 3.17).

Uno de los errores más importantes que puede cometer un pastor es olvidar que él es un siervo. Si se aleja de esta perspectiva, facilitará actitudes despóticas y autoritarias. La persuasión será su mejor aliada, no la imposición. Por ello, será conveniente que la propia Comunidad encuentre los mecanismos necesarios para evitar que el gobierno de la iglesia devenga en despotismo. Por eso, la Escritura no habla de poder, sino de autoridad. El poder se impone, la autoridad se gana. Muchas veces podemos caer en el error de confundir estos términos. En el tema que nos ocupa, solo podrá haber una adecuada restauración a partir de mecanismos de autoridad, nunca de poder.

Por otro lado, tampoco creo que los cargos sean vitalicios, sino que han de ser ejercidos mientras que la iglesia reconozca la autoridad de los pastores y estos conserven sus facultades mentales, físicas y espirituales para desarrollar las funciones pastorales adecuadamente.

En cuarto lugar, la recompensa final del ministerio será la que se recibirá del Señor: la corona incorruptible de gloria (5.4). Esto merece la pena tenerlo en cuenta porque orienta nuestra mirada hacia el futuro, hacia la Venida del Señor para reinar en gloria. En ese momento, los pastores recibirán su recompensa; esto quiere decir que la motivación pastoral se proyecta hacia la Venida de Cristo, no esperando otras recompensas aquí en la tierra, lo cual no significa que no se tenga derecho a recibir salario, reconocimiento y respeto por labor realizada; no obstante, eso no ha de ser su motivación primera, sino la espera del Maestro, quien dará a cada uno lo que merezca.

¿Cómo aplicamos todo lo que estamos diciendo a la recuperación espiritual de las personas que caen? Recordemos el texto de Ezequiel que hemos mencionado más arriba donde expresa la función de los pastores (Ez 34.15-16). El miembro de la comunidad que cae *necesita*:

En primer lugar, ser alimentado con la Palabra de Dios. Esto le permitirá recuperar fuerzas, ganar confianza, afirmarse espiritualmente, depender de la fortaleza del Señor. Más arriba hemos visto que la Palabra de Dios es útil y que, en todo momento, el pastor ha de asegurarse de que lo que da a la persona que ha caído es verdadera enseñanza de las Escrituras.

Necesita, en segundo lugar, cobijo y seguridad. Todos los miembros de la Comunidad han de encontrarse seguros y protegidos espiritualmente por el pastor; ¡cuánto más el que ha caído! Los complejos de culpa, el menosprecio, la vergüenza, la ansiedad, el miedo al rechazo, el temor al fracaso, nuevas tentaciones..., son enemigos que tendrá que vencer para encontrar reposo y paz en su vida. El pastor ha de ofrecer cobijo y seguridad, caldo de cultivo que permitirá el alimento y crecimiento espiritual.

Necesita, en tercer lugar, ser encontrado cuando se ha perdido. Esto indica que la iniciativa la toma el pastor. Hay creyentes que se desvían del camino correcto y van siendo advertidos por ello; llega un momento en que han perdido el norte, que su mente está obnubilada e, incluso, que su conciencia ha sido cauterizada. Seguramente es consciente de ello, o quizás no; pero sabe que algo no está bien, que está desorientado. Es en estos momentos, cuando el creyente se ha perdido, que el pastor ha de salir a su encuentro hasta encontrarlo. Esto está complementado con el siguiente apartado.

Necesita, en cuarto lugar, ser encaminado cuando se ha descarriado. El texto es gráfico cuando habla de hacer volver al redil la descarriada. No solo se trata de encontrarla, sino de hacer todo lo posible para que vuelva al camino correcto. Aquí la persuasión, la exhortación, el apoyo, la oración..., serán las herramientas espirituales que el pastor tendrá que usar para recuperar al que ha caído. Este ministerio fue comprendido y asumido en la Iglesia del primer siglo. Santiago escribe: *Hermanos, si alguno de entre vosotros se ha extraviado de la verdad, y alguno le hace volver, sepa que el que haga volver al pecador del error de su camino, salvará de muerte un alma, y cubrirá multitud de pecados* (Stg 5.19-20).

Necesita, en quinto lugar, ser curado. Al extraviarse, es bastante posible que la oveja esté herida o que haya alguna fractura. El pastor, lejos de golpear, castigar, amonestar..., se dedicará a curar. ¡Qué lección tan importante! Ya habrá tiempo de hablar de esa experiencia negativa. Lo que la persona que cae necesita en ese momento es ser curada, protegida, llevada al redil, aceptada. El amor de la Comunidad cubrirá multitud de pecados (1 P 4.8). El pastor tendrá que detectar dónde está el problema, qué lesión tiene la persona, dónde es más vulnerable..., para poderle ayudar a sanar. Es evidente que la persona se ha de dejar curar; de lo contrario la sanidad no será posible.

Necesita, en sexto lugar, ser fortalecido cuando está débil. Esto requiere tiempo, paciencia, dedicación pastoral... El médico indica al enfermo cuándo está curado, aunque este último piense que ya se encuentra mejor; el médico conoce los procesos de la enfermedad, las posibles recaídas, los elementos que pueden ser nocivos... De la misma forma, el pastor irá fortaleciendo a la persona que ha caído hasta que se encuentre en plenas condiciones espirituales para continuar con su crecimiento y desarrollo y encaminarle a vivir en libertad y no caer, otra vez, en la esclavitud del pecado.

Otra función pastoral tiene que ver con *enseñar*: Efesios 4.11; Hebreos 13.7; 1 Timoteo 5.17.

Esta será otra de las funciones pastorales que ayudará en la recuperación espiritual a todo aquel que tropieza.

Pastores y maestros, dice la carta a los Efesios, han sido dados, constituidos o regalados (δίδωμι) por el Señor. Estos dos conceptos no se pueden separar; es decir, Dios no constituyó a unos pastores y a otros maestros. Lo que nos dice el texto es que vincula pastor con maestro, que no es lo mismo que predicador u orador, ya que hay muchas formas de enseñar.

El pastor tiene y usa una herramienta insustituible: la Palabra de Dios. Con las Escrituras guía, cuida, alimenta, instruye, orienta, amonesta, confronta, consuela... Lo importante de este texto es que ha sido el propio Señor quien ha dado esto a la Iglesia para su beneficio. Ha sido su regalo a la Comunidad Cristiana.

Acordaos de vuestros pastores que os hablaron la Palabra de Dios (Heb 13.7). Lo que se comparte y enseña es la Palabra de Dios. Lo primordial no son filosofías personales o humanas por muy positivas que sean. La Palabra de Dios alumbra primeramente la vivencia personal y familiar del pastor y, a partir de ahí, sirve para comunicar a otros las verdades eternas.

No obstante, se ha de distinguir entre la esencia de la revelación divina y las interpretaciones particulares que podemos hacer, con el fin de no poner en boca de Dios lo que nunca quiso decir. El gran peligro que existe es el de manipular a los creyentes para que acepten una serie de conceptos religiosos ajenos al corazón de Dios. El pastor no debe manipular, sino persuadir con la verdad de Dios.

La mejor manera de velar por la enseñanza de la Palabra de Dios es la pluralidad pastoral; de ahí que el texto de Efesios no dice que Dios ha constituido a un pastor y maestro, sino que habla de pastores y maestros (Ef), de pastores (Heb) y de ancianos (1 Tm), en *plural*. El consenso en el Consejo Pastoral es nuestro mejor aliado y, allí donde no hay unanimidad, sería conveniente buscar la orientación en pastores y ancianos de otras comunidades. Es a partir de la comunión *intra* e *intereclesial* que preservamos la libertad y evitamos los peligros sectarios. Así que no se trata tanto de que el pastor se pregunte qué entiendo y veo en la Palabra de Dios, sino qué entendemos y vemos, cómo podemos orientar al que se ha desviado...

Hay algunos ancianos que se dedican principalmente a predicar y enseñar: 1 Timoteo 5.17. Esto quiere decir que hay otros cuya tarea principal no es esta. Todo pastor tiene que ser apto para enseñar, pero no todo pastor trabaja en predicar y enseñar. El pastorado es un ministerio, la enseñanza es un don; dicho de otra forma, ejercen el pastorado los que han desarrollado las cualidades espirituales mencionadas más arriba, y se dedican a la enseñanza aquellos que tienen el don de maestro. Igual que no todo pastor predica y enseña, no todo el que predica o enseña tiene, necesariamente, que ser pastor o anciano.

La enseñanza es el proceso mediante el cual una persona comunica a otra una serie de conocimientos o formas de conducta con el fin de que pueda desarrollarse íntegramente como persona. El énfasis bíblico es un poco diferente a como lo entendemos en nuestras sociedades modernas. En nuestros días, el énfasis está en la información, mientras que en la Escritura está en la formación. Por eso, el profesor informa mientras que el maestro forma (enseña).[45]

Los pastores no están para informar de lo que está bien o está mal. Para ello, sería suficiente elaborar una lista y entregarla por escrito a cada miembro de la Comunidad. Los

---

[45] Recomendamos la película *The Emperor's Club*, dirigida por Michael Hoffman y protagonizada por Kevin Kline.

pastores ayudan a los creyentes a incorporar la Palabra de Dios a la vida personal de manera que afecte a las relaciones familiares, sociales, laborales, eclesiales... Ya hemos visto más arriba algunos conceptos sobre la palabra διδάσκω, cuando hablábamos de la utilidad de la Escritura y que no vamos a repetir aquí. Solo añadiremos que *designa en griego la actividad del maestro, a la cual corresponde el desarrollo y formación de las capacidades de su discípulo y la transmisión de conocimientos y de prácticas.*[46] No obstante, la palabra que se traduce por διδάσκω en los LXX, no sirve, primeramente, para *designar la transmisión de conocimientos y habilidades, sino que significa, preferentemente, la educación en la vida cuyo objeto es la voluntad de Dios.*[47]

Así, los preceptos de Dios se informan, se interpretan, se explican, se razonan, se aprenden, se obedecen y se transmiten, por lo que hacen responsables a la Comunidad.

¿Cómo aplicamos todo lo que estamos diciendo a la recuperación espiritual de las personas que caen?

Los pastores ayudan a la persona que tropieza para que desarrolle un *análisis existencial* lo más objetivo posible. Dicho análisis tiene que arrancar desde la naturaleza humana y llegar hasta la divina, pasando por los diferentes procesos vitales y las consecuencias de las decisiones que tomamos.

Los pastores comunican la verdad de Dios en relación al origen del pecado. El pecado tuvo su inicio, según nos dice la Escritura en Génesis 3, en la tentación de Adán y Eva. Esto trajo consigo unas consecuencias traumáticas que ya hemos considerado más arriba. La naturaleza pecaminosa ha sido transmitida de generación en generación y a todos los seres humanos, lo que nos hace vulnerables y débiles, con una tendencia innata hacia el mal (Ro 5.12). El Salmo 103.14 dice:

---

[46] K. Wegenast, Enseñanza, *Diccionario teológico del Nuevo Testamento*, II:79.
[47] *Ibid.*

Porque él conoce nuestra condición; se acuerda de que somos polvo. La frase inmediatamente anterior habla de la compasión de Dios: *Como el padre se compadece de sus hijos, se compadece Jehová de los que le temen.* El autor de la carta a los Hebreos dice: *Porque no tenemos un sumo sacerdote que no pueda compadecerse de nuestras debilidades...* (Heb 4.15).

Es evidente que hablar de nuestras debilidades no es una manera de justificar el pecado, ni una forma de provocar la manifestación de la gracia de Dios (*¿perseveraremos en el pecado para que la gracia abunde?*, Ro 6.1); todo lo contrario, es una forma de reconocer nuestra verdadera condición y la necesidad que tenemos de la misericordia del Señor, lo que nos ayudará a amarle más, porque nos ha perdonado mucho (Lc 7.47). La persona que ha caído ha de comprender su propia condición y que no es el único.

El apóstol Juan nos lleva a dos situaciones diferentes en su primera carta al enseñar, por un lado, *Si decimos que no hemos pecado, le hacemos a él mentiroso, y su palabra no está en nosotros* (1 Jn 1.10) y, por otro, *El que dice: Yo le conozco, y no guarda sus mandamientos, el tal es mentiroso, y la verdad no está en él* (1 Jn 2.4). Fijémonos que la estructura de los textos es idéntica:

- Una afirmación: *Si decimos, El que dice.*

- Una conducta: *No hemos pecado, No guarda sus mandamientos.*

- Una aseveración: *Le hacemos a él mentiroso, El tal es mentiroso.*

- Una consecuencia: *Su palabra no está en nosotros, La verdad no está en él.*

¿Cómo es posible pecar y guardar los mandamientos de Dios? ¿Acaso no son irreconciliables estas dos conductas? Veamos esto por partes:

En primer lugar, los pastores han de enseñar que el verdadero creyente *reconoce su condición* (pecador), tendrá momentos de debilidad y desobedecerá a Dios, pero, a la vez, manifestará su amor por el Señor arrepintiéndose de su pecado y confesándolo para poder ser restaurado a la comunión con Dios. Por ello, el apóstol Juan dice: *Si confesamos nuestros pecados, él es fiel y justo para perdonar nuestros pecados, y limpiarnos de toda maldad* (1 Jn 1.9). Fijémonos que este texto está enmarcado entre otros dos que dicen exactamente lo mismo: *Si decimos que no tenemos pecado* (1 Jn 1.8, 10). Aquí será importante ahondar en los sentimientos de la persona que ha caído: ¿qué sentía cuando pecaba?

En segundo lugar, los pastores profundizan en lo que enseña la Escritura sobre los *impulsos, deseos y anhelos* ocultos del corazón. El apóstol Pablo, conocedor de la lucha interior que tiene el creyente, escribió: *Andad en el Espíritu, y no satisfagáis los deseos de la carne* (Gal 5.16). La Biblia de las Américas traduce: *Andad por el Espíritu, y no cumpliréis el deseo de la carne*, teniendo la intención de expresar que si andamos por el Espíritu, la consecuencia normal es no cumplir el deseo de la carne. Sea válida una traducción o la otra, lo que nos interesa ahora es certificar que en nuestro interior existen unos deseos con los que hemos de luchar para que sean controlados, educados. Los niños pequeños tienen impulsos que han de ser corregidos, pues están en proceso de formación y serán configurados de acuerdo a una cultura con unas determinadas costumbres. Los adultos también tienen impulsos, deseos, que han de ser controlados y orientados. Por ejemplo, cuando tengo hambre, puedo sentir el deseo de comer, pero no voy a un supermercado y engullo lo que quiera sin pagar porque no llevo dinero, ya que controlo mis deseos e impulsos de acuerdo a una educación y una cultura.

El apóstol Pedro también era consciente de los deseos que hay en el ser humano y escribió: *yo os ruego como a extranjeros y peregrinos, que os abstengáis de los deseos carnales que batallan contra el alma* (1 P 2.11). Es muy interesante analizar el contexto. El verso 10 nos habla de que ahora somos pueblo, por lo que hemos asumido una responsabilidad, la de seguir a Jesús de Nazaret (v. 21: *para que sigáis sus pisadas*).

Gálatas 6.17 nos dice que hay una oposición entre la carne y el Espíritu, *para que no hagáis lo que quisiereis*. Es decir, nuestra tendencia natural será satisfacer nuestros deseos o apetitos, pero el Espíritu Santo es el que se opone a ello. En la medida en que dejemos actuar al Espíritu, el resultado será la victoria o la derrota.

La persona que ha caído se ha hecho débil y necesitará fortalecer el control de sus impulsos y deseos innatos. Por ello, será necesario conocer qué le ha hecho vulnerable. Los textos siguientes a los que hemos mencionado de Gálatas 5 claramente especifican conductas pecaminosas entendiendo que no es una lista ordenada por importancia: adulterio, fornicación, inmundicia, lascivia, idolatría, hechicerías, enemistades, pleitos, celos, iras, contiendas, disensiones, herejías, envidias, homicidios, borracheras, orgías y cosas semejantes a estas (vs. 19-21). El apóstol es taxativo al indicar que los practican (πράσσοντες, participio presente, expresa continuidad) tales cosas no heredarán el reino de Dios. El apóstol Juan también se refiere a estas personas y las define como aquellas que tienen como práctica el pecado (1 Jn 3.8-9; 5.18). Así que la cuestión no es pecar una vez, ni dos, sino tener como práctica el pecado; eso es rechazado por el Señor. *Un error no destruye a una persona, pero la perseverancia en dicho error puede arruinar su vida.*

Por eso, nuestro deseo será guardar los mandamientos de Dios, aunque en nuestro caminar diario caigamos a veces en el pecado; cuando esto ocurra, podemos confesarlo al Señor, y seguir guardando sus mandamientos, manteniendo la dignidad que corresponde a los hijos de Dios.

En tercer lugar, los pastores enseñan *la voluntad de Dios* a aquel que ha caído.

La pregunta que surge es: ¿cuál es la voluntad de Dios? Podemos dar muchas vueltas a esta cuestión, pero las respuestas que aparecen en la Escritura son claras. En mi opinión, la Biblia no se plantea qué piensa Dios respecto a decisiones concretas que hemos de tomar, sino que ofrece principios generales para orientarnos; es decir, un marco de referencia en el que Dios nos da plena libertad para decidir. Por ejemplo, Jehová no indicaba a una familia israelita las tierras que tenían que comprar, o la casa que debían construir, pero sí les pedía que fueran justos en los negocios y honrados en el comercio.

Veamos algunos textos al respecto:

Deuteronomio 10.12 dice: *Ahora, pues, Israel, ¿qué pide Jehová tu Dios de ti, sino que temas a Jehová tu Dios, que andes en todos sus caminos, y que lo ames, y sirvas a Jehová tu Dios con todo tu corazón y con toda tu alma; que guardes los mandamientos de Jehová y sus estatutos, que yo te prescribo hoy, para que tengas prosperidad?*

Los pastores han de ayudar al que cae enseñándole que Dios le pide:

- Respeto (temor): tiene que ver con conocerle (Prov 9.10).
- Santidad: que siga todos sus caminos, apartándose del pecado.
- Exclusividad: que lo ame (Dt 4.24; 5.9; 6.14-15) y esto sin condiciones.
- Servicio: con todo el ser, reconociendo que Él es el Señor que busca el bien para sus súbditos, que tiene derecho sobre todo lo que somos y poseemos.
- Obediencia: guardar los mandamientos.

La persona que ha caído ha dado la espalda a Dios en todas estas demandas. Por ello, es necesario renovar el compromiso con el Señor, volverle a prometer fidelidad y lealtad, a la vez que solicita ayuda y fortaleza para poder mantenerse firme en la senda de la voluntad de Dios. La renovación del pacto o los votos de fidelidad al Señor es un paso importante en el proceso de recuperación.

El Salmo 34.14 y 37.27 nos recuerda: *apártate del mal, y haz el bien; busca la paz y síguela*. Esto quiere decir que la voluntad de Dios tiene que ver con aquello que genera paz en nosotros y a nuestro alrededor.

La persona que ha caído no está en paz consigo misma ni con los demás. Es necesario que busque la paz y, cuando la encuentre, tome la decisión de seguirla. Tendrá que dar pasos para la reconciliación con Dios, consigo misma y con los demás. Esto producirá sanidad en su vida. Isaías 32.17 nos dice que el efecto de la justicia será paz, reposo y seguridad, y esto, para siempre. Así que es posible que al buscar la paz, haya que seguir procesos de justicia, que terminarán en reposo y seguridad para siempre.

Romanos 12.2 nos recuerda que la voluntad de Dios es buena, agradable y perfecta. Esto nos da la idea de aquello que es completo, que no le falta nada. Por lo tanto, Dios desea siempre lo mejor para sus hijos. Esto no quiere decir que comprendamos continuamente lo que Dios solicita de nosotros, pero desde la fe, aceptamos que es bueno para nosotros.

Ahora bien, ¿cómo podemos comprobar que la voluntad de Dios es buena, agradable y perfecta? El mismo texto de Romanos nos lo indica: *No os conforméis a este siglo, sino transformaos por medio de la renovación de vuestro entendimiento*. El apóstol se refiere al tiempo presente en el que hay una serie de influencias que arrastran a la sociedad a actuar de una determinada manera y nos dice: *No os conforméis*. Además, solicita que cambiemos nuestra manera de pensar, que adaptemos nuestra mente a la de Dios, porque *tenemos la mente de Cristo* (1 Cor 2.16). El apóstol indica que los gentiles andan en la vanidad de su mente (Ef 4.17).

El que ha caído sabe a qué se refiere Pablo; por lo tanto, es necesario renovar la manera de pensar, transformarla, adoptar la forma de pensar de Cristo, tener la mente de Dios. Todo proceso de transformación mental implica un esfuerzo, pero merece la pena. Los pastores guiarán al hermano para que este proceso sea llevadero.

Colosenses 1.9 y ss, nos enseña de una manera diáfana lo que estamos hablando. El apóstol Pablo, sabedor de las limitaciones humanas, ora por los creyentes de Colosas para que sean *llenos del conocimiento de su voluntad en toda sabiduría e inteligencia espiritual.* Hay personas que piensan que conocen la voluntad de Dios, pero dicho conocimiento no se ajusta a los parámetros de *en toda sabiduría e inteligencia espiritual*; tienen una fe ciega, carente de significado, alejada del sentido común, necia. Todavía recuerdo el impacto que me causó una película[48] que vi hace muchos años y que versaba sobre la vida de una familia evangélica norteamericana; el hijo cayó enfermo de diabetes y, en lugar de medicarlo, los padres empezaron a creer que Dios le sanaría y dejaron de ponerle insulina. Al cabo de poco tiempo su hijo empeoró y pensaron que el Señor estaba probando su fe. El niño murió. Esta familia desestimó la voluntad de Dios en toda sabiduría e inteligencia espiritual; su fe era irracional, en lugar de razonable. Olvidaron que Dios ya les estaba dando la respuesta a través de los milagros de la medicina moderna. Su insensatez les llevó, incluso, a pensar que el Señor lo resucitaría al tercer día. Dramático.

Ahora bien, notemos que el verso 10 dice: *para que andéis como es digno del Señor, agradándole en todo, llevando fruto en*

---

[48] *La promesa de un milagro.* Película basada en una historia real.

toda buena obra. El creyente, nacido de nuevo, guiado por el Espíritu Santo, sabe distinguir aquello que es agradable a Dios y lo que le deshonra; sabe distinguir el buen fruto que aparece a partir de las buenas obras, del fruto amargo del pecado. Aquel que ha caído también conoce estas diferencias, pero es posible que esté matizado o distorsionado por la maldad; por lo tanto, este será un ejercicio a desarrollar para fortalecer bien su mente en toda sabiduría e inteligencia espiritual.

En la medida en que desarrollamos esta actitud, somos *fortalecidos con todo poder, conforme a la potencia de su gloria* (Col 1.11).

1 Tesalonicenses 4.3 nos recuerda que *la voluntad de Dios es vuestra santificación*. A partir de ahí, en los textos siguientes, el apóstol menciona algunos ejemplos prácticos de la vida cotidiana: apartarse de fornicación (relaciones sexuales no legítimas), vivir en santidad y honor con el cuerpo que Dios nos ha dado (el texto no dice esposa, sino vaso), evitar el engaño y el agravio (4.6), trabajar honradamente para ganar el sustento propio (4.11-12).

Una vez más, en la mayoría de los casos, los creyentes saben dónde está la frontera entre el bien y el mal. Esta frontera queda desdibujada en aquella persona que ha sido arrastrada por el pecado dependiendo del tiempo que haya vivido de espaldas a Dios, pero puede ser restaurada y volver a tener la habilidad suficiente para establecer la frontera con claridad. Para ello, el apoyo pastoral será muy importante.

1 Tesalonicenses 5.18 dice que es voluntad de Dios dar gracias en todo. Esto no quiere decir que demos gracias a Dios por todo lo que nos ocurre; sería una actitud hipócrita, falta de sinceridad. Yo no puedo dar gracias a Dios porque un familiar mío tenga un accidente, o porque me quede sin trabajo. Lo que sí puedo hacer es dar gracias en toda circunstancia, porque sé

que el Señor estará conmigo en todo momento. La perspectiva es diferente y el matiz importante.

La persona que ha caído puede desarrollar un corazón agradecido al contemplar la misericordia de Dios que le recibe y acepta, a pesar de lo que ha ocurrido en su vida pasada.

1 Pedro 2.15 nos dice que la voluntad de Dios es que hagamos el bien. Ya no se trata tanto de dejar de hacer lo malo, sino de que hagamos lo bueno. Santiago lo entiende de manera complementaria: *Al que sabe hacer lo bueno y no lo hace, le es pecado* (Stg 4.17). La persona que ha caído tendrá que recuperar la práctica del bien, lo que le ayudará a potenciar su propia autoestima personal y espiritual. Una vez más, el apoyo pastoral será muy importante. El autor de la carta a los Hebreos insiste: *Y de hacer el bien y de la ayuda mutua no os olvidéis; porque de tales sacrificios se agrada Dios* (Heb 13.16).

La persona que está en proceso de restauración hará bien en recordar que todo lo que hay a nuestro alrededor es efímero, pasajero. En el día de hoy hay un énfasis desmesurado por la belleza y la eterna juventud, y llega a ser enfermizo. No es extraño escuchar a algunas personas informar que tienen 80 años, pero se sienten jóvenes; ¿cómo es posible? Es el deseo exacerbado de mantener lo imposible. Pues bien, la Escritura nos enseña que todo lo que hay a nuestro alrededor pasará (*el mundo pasa y sus deseos*, nos dice el apóstol Juan), pero *el que hace la voluntad de Dios, permanece para siempre* (1 Jn 2.17). Es decir, mientras hay cosas que son caducas, la eternidad aguarda a los hijos de Dios, que hacen la voluntad de Dios. Así que merece la pena retornar a los caminos del Señor, lo que nos introduce en el siguiente apartado.

En cuarto lugar, los pastores persuaden con la Escritura para que la persona que ha caído vea la necesidad de *retornar a los caminos de Dios*.

El libro de Deuteronomio insiste una y otra vez en los beneficios de obedecer al Señor (Dt 6.18, 24, 25; 30.6, 16, 19; 7.13): *para que te vaya bien, para que nos conserve la vida, y tendremos justicia, a fin de que vivas, para que vivas y seas multiplicado, para que vivas tú y tu descendencia, y te amará, te bendecirá y te multiplicará.* Como podemos ver, en todos los casos y muchos más, se mantiene que la consecuencia de seguir los caminos de Dios genera bendiciones. Es una constante en las Escrituras.

Los pastores orientarán a la persona que ha caído en lo importante que es conocer la Palabra de Dios y obedecerla; de forma especial, será conveniente enfrentar aquellas situaciones en que ha sido vulnerable y fortalecer los puntos débiles. Esto no quiere decir que las consecuencias del pecado sean erradicadas. El pecado siempre deja huella. No obstante, el Señor ayudará a curar las heridas recibidas.

El Señor dio estatutos, preceptos y leyes al pueblo de Israel cuando salió de Egipto, y antes de entrar a la tierra prometida, cuando estaba acampado en las llanuras de Moab, Moisés recuerda la Palabra de Dios, sabiendo que la ley llevaba al pueblo hacia la vida, pero reconociendo que tropezaría una y otra vez. Por eso les enseñó que cuando viniera sobre ellos la maldición, como consecuencia del pecado, *y te arrepintieres..., y te convirtieres a Jehová tu Dios, y obedecieres a su voz... entonces Jehová hará volver a tus cautivos, y tendrá misericordia de ti, y volverá a recogerte...* (Dt 30.1 y ss.). ¿Qué quiere decir todo esto? Significa que Dios conoce nuestra condición y sabe que habrá tropiezo. Enseña que hay *solución*: arrepentimiento y vuelta a Dios. Proclama que el Señor es misericordioso, benevolente y generoso; no importa el pecado cometido. Dios es bondadoso. Por eso merece la pena retornar a sus caminos, porque siempre da nuevas oportunidades a sus hijos y está dispuesto a abrirles la puerta y a socorrerles en cualquier circunstancia.

Veamos algunos ejemplos concretos en la Torá:

El Señor solicitó a su pueblo prestar al hermano necesitado y advierte para no atesorar malos pensamientos en el corazón si consideraban que estaba cerca el año en que tenían que perdonar toda deuda y esto les llevaba a no prestar dinero a los menesterosos; *sin falta le darás, y no serás de mezquino corazón cuando le des; porque por ello te bendecirá Jehová tu Dios en todos tus hechos, y en todo lo que emprendas* (Dt 15.10). Humanamente podríamos pensar que es un mal negocio: prestar dinero cuando está cerca el año en que se perdonaban todas las deudas; pero a los ojos de Dios es una buena inversión, pues la bendición del Señor alcanzará al corazón generoso y será bendecido de forma abundante.

Las leyes que había sobre los esclavos orientan, también, al corazón generoso. Era obligado dejar en libertad al esclavo hebreo que había servido durante seis años; al séptimo tenía que ser liberado y no podía irse con las manos vacías, sino *le abastecerás liberalmente* (Dt 15.14). El verso 18 dice: *Y Jehová tu Dios te bendecirá en todo cuanto hicieres*. Una vez más, retornar a los caminos del Señor es beneficioso.

Otra ley prohibía exigir interés si se prestaba dinero a alguien del pueblo de Dios, y el texto añade: *para que te bendiga Jehová tu Dios en toda obra de tus manos...* (Dt 23.20).

La preocupación de Dios alcanza al extranjero, al huérfano y a la viuda. Así que, cuando alguien segaba y se olvidaba una gavilla en el campo, la ley establecía que debía dejarla para los necesitados. El texto añade: *para que te bendiga Jehová tu Dios en toda obra de tus manos* (Dt 24.19).

Son innumerables los ejemplos de la Escritura que manifiestan que hay bendición del Señor cuando se obedece su Palabra. Es cierto que vivimos en una sociedad que enfatiza la búsqueda del bien y el placer personal con carácter instantáneo; ahora bien, no podemos caer en el error de aplicar ese carácter de inmediatez a la bendición de Dios; es posible que tarde un tiempo, pero la espera habrá merecido la pena. Hay muchos textos en los Salmos que nos invitan a esperar en Dios, de manera especial, cuando hay turbación en el alma.

Así, la labor pastoral se desarrollará a través de la persuasión para convencer al hermano que ha caído de que es necesario retornar a los caminos del Señor, porque hay gran galardón (Sal 19.11). No se puede obligar, sino animar; no exigir, sino persuadir a partir de la exposición de la Palabra de Dios; el resto lo tendrá que hacer la persona que está en proceso de restauración.

En quinto lugar, los pastores fortalecen con las *promesas de Dios* a la persona que ha caído y manifiesta voluntad de recuperación.

Mucho podríamos hablar del compromiso de Dios para con sus hijos. Solo seleccionaremos algunas pistas que encontramos en las Escrituras y que nos pueden animar a levantar la mirada.

Hebreos 4.15-16 es un texto precioso, que nos habla de la compasión divina hacia nosotros y de la confianza con la que nos podemos acercar a su presencia.

El autor de la carta a los Hebreos nos enseña que tenemos un Sumo Sacerdote capaz de compadecerse de nuestras debilidades. Se trata de alguien que fue tentado en todo como nosotros, pero no cometió pecado. Jesús de Nazaret experimentó las presiones que nosotros tenemos a diario; por eso puede tener compasión de nosotros, porque sabe lo que pasamos cuando somos tentados.

¿Y cuál es la consecuencia lógica de tener un Sumo Sacerdote así? Que nos podemos acercar con confianza, sin temor a ser rechazados, sin miedo al castigo, con la seguridad de su benevolencia y comprensión. Esto es muy importante, pues mientras que las personas somos dadas a juzgar y condenar al que ha caído, la bondad de Dios es infinita, nos comprende y está dispuesto a recuperarnos para su servicio. Es un Dios de nuevas oportunidades.

¿Qué es lo que encontramos cuando nos acercamos al Señor? Alcanzamos misericordia y gracia; es decir, el Señor será nuestro socorro y, por lo tanto, nos vuelve a ofrecer cobijo, seguridad, amor, protección, perdón. ¿Y por qué esto es así? Porque alguien ya pagó el precio de nuestro pecado. Estamos ante la esencia del evangelio. Es cierto que todas nuestras conductas tienen unas consecuencias naturales, pero el amor de Dios nunca se apartará de nosotros y nos fortalecerá en nuestro proceso de recuperación.

Ya hemos citado antes 1 Juan 1.9. El contexto de este pasaje es sumamente esclarecedor; ya hemos indicado que tanto el verso 8 como el 10 dicen lo mismo y hablan del pecado.

Pero todavía hay más. El capítulo 2 sigue en la misma línea. La Palabra de Dios nos orienta por el camino que hemos de seguir (para que no pequéis); ahora bien, si alguno ha pecado, tiene abogado, a Jesucristo. Una vez más, estamos ante la esencia del evangelio. Nuestra vocación es la santidad, pero en nuestro caminar diario tropezamos y podemos levantarnos gracias a la defensa de nuestro abogado, quien pagó el precio de todos nuestros pecados. ¿Acaso esto no nos alienta en el proceso de santificación?

El apóstol Juan incide en este asunto un poco más y nos habla de un tema teológico muy importante (1 Jn 2.2): *Y él es la propiciación* (ἱλασμός) *por nuestros pecados*. La misma expresión se repite en 1 Juan 4.10 y lo relaciona con el amor de Dios hacia nosotros. El propiciatorio era una plancha de oro que estaba sobre el arca del pacto; sobre ella debía ser derramada la sangre de los sacrificios para aplacar la ira de Dios por el pecado del pueblo.

El término forma parte de un grupo de palabras relacionadas que, originariamente, significaba amistoso, propicio, risueño, contento, favorable. Llega a significar conseguir el favor de alguien, aplacar. El apóstol Juan nos indica que Jesús de Nazaret, con su sacrificio, permitió aplacar la ira de Dios por nuestros pecados; de manera que el Señor nos mira ahora santificados, no porque lo seamos, sino porque hemos sido declarados justos por la obra de Cristo.

La persona que ha caído hará bien en recordar de forma continuada esta enseñanza de la Palabra de Dios, pues los sentimientos de culpa pueden atenazarle de tal manera que obstaculicen el proceso de recuperación. Cuando confesamos los pecados, el Señor perdona, pues ya pagó el precio de nuestro rescate. Así, podemos acercarnos a Dios con confianza. El Consejo Pastoral tendrá que recordar una y otra vez esto a la Comunidad, que aprenderá a aceptar al pecador arrepentido.

¿Qué podríamos decir de Isaías 26.3-4? El verso 3 representa un principio vital para nuestra existencia. El texto nos dice que si confiamos en el Señor, seremos guardados en completa paz. Ahora bien, ¿cómo desarrollar la confianza en Dios? El texto enseña *aquel cuyo pensamiento en ti persevera*. La pregunta que ha de plantearse la persona que cae es: ¿dónde están mis pensamientos? Mucho se ha escrito en las últimas décadas sobre el poder de la mente, sobre el control del pensamiento y las consecuencias que ello tiene a nivel emocional. No es objeto de este escrito profundizar en este tema por muy apasionante que sea. Basta recordar algún texto que refuerza esta idea: Romanos 12.1-2; Filipenses 4.8-9.[49]

Volviendo al texto de Isaías, el verso 4 anima a confiar en el Señor para siempre porque *en Jehová el Señor está la fortaleza de los siglos*. Hay razones más que suficientes para que la persona

---

[49] Recomendamos aquí el libro de William Backus y Marie Chapian, *Dígase la verdad* (Minneápolis: Betania, 1983). Este libro ayuda a trabajar con las creencias erróneas que atenazan a la persona y la esclavizan. Cuando una persona se empapa con la verdad de Dios, inicia el proceso de liberación.

que ha caído levante la mirada, busque ayuda y se apoye en el Señor para ser fortalecido.

Hebreos 13.5 nos ofrece otro terreno que ha hecho tambalear a muchos creyentes: el dinero y las posesiones materiales. El autor de la carta a los Hebreos anima a desarrollar actitudes de satisfacción con lo que tenemos y a huir de la avaricia. Es verdad que podemos tener mucho más, pero también mucho menos. Si sabemos vivir con poco, sabremos vivir con más, y si no sabemos vivir con poco, tampoco sabremos vivir con más.

¿En qué se basa la solicitud del texto de Hebreos? Se basa en una afirmación de Dios: *Él dijo: No te desampararé ni te dejaré*. La cita alude a la conquista de la tierra prometida, cuando Josué asume la responsabilidad como sucesor de Moisés (Dt 31.6-8). Este es un principio que podemos aplicar a cualquier situación de nuestra vida: dinero, enfermedad, trabajo, familia... Podemos pasar situaciones difíciles y, a la vez, desarrollar actitudes positivas que nos fortalecen para seguir confiando en el Señor. Bastaría recuperar aquí el ejemplo de Job.

La persona que ha caído tendrá que superar muchos obstáculos, barreras y fantasmas que harán acto de presencia en todo el proceso de recuperación. No obstante, si se aferra a esta promesa del Señor, cualquier muro, por muy alto que sea, será derribado y alcanzará la victoria. La labor pastoral de acompañamiento y enseñanza de promesas semejantes de Dios serán medicina para el alma de la persona afligida por el pecado.

En sexto lugar, los pastores advierten de las *consecuencias dañinas del pecado*.

El pecado produce endurecimiento de corazón (Heb 3.13). El autor de la carta a los Hebreos estimula a los creyentes a exhortarse mutuamente mientras hay tiempo. El pecado está a la puerta, acechando para conseguir nuevas presas, nuevas víctimas en las que erigir su reinado. La mejor herramienta que tienen los pastores es la exhortación (παρακαλέω), término que ya hemos comentado cuando hablábamos del Espíritu Santo como el Consolador. La cercanía, la comunión, el compañerismo, la enseñanza, la advertencia..., serán la base sobre la que se fundamente el fortalecimiento de los creyentes con el fin de mantenerse firmes ante la tiranía del pecado, que no solo hace tropezar al creyente, sino que endurece (σκληρύνω) su corazón. Se refiere a la capacidad que tiene el pecado para provocar la cerrazón del ser humano frente a la Palabra de Dios.

En la medida en que estemos expuestos al pecado, la mente se va obstruyendo, el alma se va debilitando y el espíritu se va adormeciendo; todo ello en una atmósfera aparente de bienestar, cuyo desenlace es la esclavitud. Además, la caída es vertiginosa; comienza poco a poco, pero la aceleración es exponencial.

Santiago expone de una manera muy clara el proceso por el que se llega al pecado y las consecuencias que ello tiene para la persona (Stg 1.14-15).

Esquemáticamente:

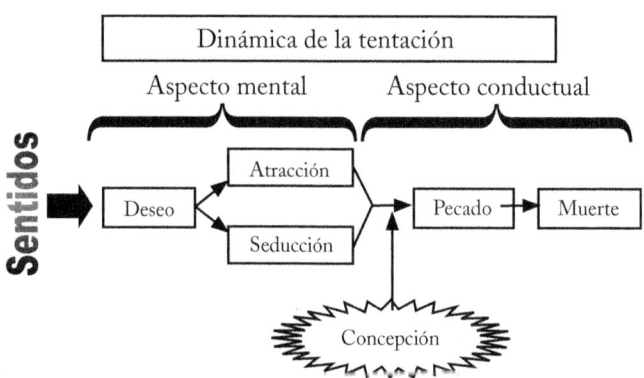

Lo que observamos en este diagrama es que la información que nos llega a través de nuestros sentidos es procesada y despierta un deseo. El deseo implica carencia, aquello que nos falta y que otros tienen. En los orígenes, la serpiente tentó a Eva a través de la vista incitándola a obtener algo de lo que *carecía*: ser como Dios (Gen 3.5). El rey David fue tentado a través de la vista cuando contempló a una mujer que se estaba bañando (2 Sam 11.2), interesándose por ella y sabiendo que era casada.

Si ese deseo se alimenta, somos atraídos (ἐξέλκω) y seducidos (δελεάζω). Por ello, la mejor estrategia ante la tentación es huir de ella, o enfrentarla con la Palabra de Dios y la oración. Así lo enseñó Jesús al usar la Palabra de Dios cuando fue tentado, solicitando a sus discípulos *velad y orad para que no entréis en tentación* (Mt 26.41).

La palabra atraído (ἐξέλκω) significa atraer afuera. Me ha parecido muy acertada la ilustración de Vine cuando escribe:

> *Así como en la caza o en la pesca se atrae a los animales afuera de sus guaridas, de la misma manera la concupiscencia del hombre lo atrae afuera de la protección de su autocontrol.*[50]

Solo cabría añadir a esta idea la de sacar a la persona fuera de su área de influencia positiva. El pecado te arrastra a actuar desde la distancia de los demás, sin que te vean; en ese momento la persona se torna vulnerable.

La palabra seducido (δελεάζω) viene del término δέλεαρ, que significa cebo. De ahí que seducido signifique usar un cebo para atraer a alguien. El origen de todo esto es el propio deseo, concupiscencia o las pasiones de la persona (ἐπιθυμία). El Dr. Rojas dice, en el contexto del deseo, desde el punto de vista biológico, que:

> *El instinto no es la fuerza dominante de nuestra constitución, y con voluntad es posible, siempre, imponer la fuerza de la inteligencia humana sobre el impulso animal.*[51]

---

[50] Vine, Atraer, *Diccionario expositivo*, I:165.
[51] Rojas, *op.cit.*, p. 194.

Y un poco más adelante, señala que:

La mente racional ha de decidir si es conveniente o no, en un momento dado, satisfacer ese deseo, dejarlo para otro momento, o simplemente anularlo. La inteligencia tiene más capacidad de control de lo que tendemos a pensar. [52]

Llega un momento en que aparece la diferenciación. Es decir, hasta aquí no ha habido pecado, la persona puede ser atraída y seducida en una lucha espiritual, pero no terminar en pecado. El problema es que la pendiente se hace muy pronunciada para volver atrás. Por eso, es necesario salir de esa influencia cuanto antes. Recordemos el ejemplo que tenemos en José, que se marchó huyendo de la mujer de Potifar (Gen 39.12). En esta ocasión, el deseo trató de arrastrar a José y de seducirlo, pero huyó a tiempo. De lo contrario, la barrera podía haber sido traspasada y aparecer el pecado, cuya consecuencia es traumática (muerte). No obstante, recordemos que por hacer lo que era justo y correcto, padeció la injusticia de la cárcel, aunque, después, fue vindicado por Dios.

Así que hay una batalla que se libra al nivel de la mente y otra a nivel de la conducta. Las consecuencias del pecado son dañinas para cualquier persona.

El Consejo Pastoral tendrá que trabajar sobre este texto en colaboración con la persona que ha caído, para que comprenda los procesos que se desarrollan en la dinámica de la tentación con el fin de que los detecte a tiempo y pueda ser fortalecido. De la experiencia que ha pasado ha de identificar cada uno de los pasos que Santiago propone y ver dónde ha manifestado flaqueza, en qué momento se ha producido la diferenciación (es decir, cuándo se ha pasado de la lucha interna al pecado).

Si identificamos los síntomas, podremos aprender para otras ocasiones, ya que la tentación seguirá apareciendo de una

---

[52] *Ibid.*, p. 195.

manera muy sutil a través de los vericuetos más inverosímiles. Por eso, será necesario que tanto la persona que ha caído como el Consejo Pastoral estén preparados para afrontar los pasos que deberán dar a continuación.

Ahondando un poco más, el apóstol Pablo habla de los que desean enriquecerse (otra vez el aspecto de la carencia) y caen en tentación y lazo (1 Tm 6.9-10). Veamos la estructura de estos textos y observemos el paralelismo que se establece:

Texto	Origen	Conducta	Resultados
v. 9	Quieren enriquecerse	Tentación y lazo, codicias	Destrucción y perdición
v. 10	Amor al dinero	Codicia, extraviarse de la fe	Traspasados de muchos dolores

Como vemos, las consecuencias del pecado son dramáticas: destrucción, perdición, dolor, extravío...

El Consejo Pastoral ha de advertir a los miembros de la Comunidad sobre estos efectos del pecado y, de forma especial, analizar con la persona que ha caído en qué medida ha experimentado daño en su propia vida o en la vida de aquellos que le rodean. Desde el punto de vista psicológico, esto será terapéutico y preventivo.

La actitud contraria es manifiesta en el verso 11: *Más tú, oh hombre de Dios, huye de estas cosas, y sigue la justicia, la piedad, la fe, el amor, la paciencia, la mansedumbre.* Así que, no es solo dejar de hacer lo malo, sino hacer lo bueno. Esto evitará tener la mente ociosa y dar lugar al diablo.

Hay personas que viven atenazadas por sus propios miedos. El problema es que se entra en un círculo vicioso por el que el miedo alimenta al miedo. Es necesario romper esa dinámica. De la misma forma, la persona que cae en pecado desarrolla una dinámica similar, de manera que el pecado nutre al pecado. Jesús enseñó: *Todo aquel que hace pecado, esclavo es del pecado* (Jn 8.34). El verbo es un participio presente (ὁ ποιῶν), lo que expresa continuidad. Un pecado, podríamos decir, no esclaviza. Esto es cierto pero, posiblemente, nos conduzca a otro, y luego a otro hasta llegar a esclavizarnos.

Las personas que han vivido esclavizadas a algún tipo de droga, como la heroína o el alcohol, saben la esclavitud a que han sido sometidas, hasta el punto de que la voluntad quedaba prácticamente anulada. De la misma forma, el pecado seduce, aturde y, finalmente, esclaviza. Además, las consecuencias no solo las paga la persona que cae, sino las que hay a su alrededor; de forma especial, su propia familia. No obstante, el papel de la familia será fundamental en el proceso de recuperación, ya que es capaz de perdonar cualquier cosa y aceptar a la persona a pesar de sus debilidades y tropiezos.

Otra función pastoral tiene que ver con *velar por los creyentes*: Hebreos 13.17.

Esta será otra de las funciones pastorales que ayudará en la recuperación espiritual a todo aquel que tropieza.

La palabra velar (ἀγρυπνέω) indica no solo estar despiertos, sino estar vigilantes. Está relacionada con otra palabra que significa cazar, de ahí la vigilancia.

La esfera en la que trabajan es el alma. El alma representa la persona, en todas sus dimensiones. Recordemos que lo espiritual, emocional y físico están estrechamente relacionados y se afectan mutuamente. No es extraño encontrar un creyente con dificultades espirituales cuando tiene problemas emocionales o físicos. También, creyentes que tienen enfermedades, desarrollan afecciones espirituales. La tarea pastoral consiste en vigilar para tratar de restablecer el equilibrio personal del creyente.

¿Cómo aplicamos todo lo que estamos diciendo a la recuperación espiritual de las personas que caen?

Los pastores no solo velan por aquellos que son espirituales, o que tienen deseos de crecer y madurar, o aquellos que anhelan la oración y el estudio de la Palabra de Dios. Por supuesto, a ellos también se deben. Lo que la Escritura nos enseña, a partir del ejemplo de Jesús, es que *los sanos no tienen necesidad de médico, sino los enfermos* (Lc 5.31). La labor del Mesías consistió en: *dar buenas nuevas a los pobres, me ha enviado a sanar a los quebrantados de corazón, a pregonar libertad a los cautivos, y vista a los ciegos; a poner en libertad a los oprimidos* (Lc 4.18). Es lamentable cuando los pastores están al lado de los poderosos, los sanos, los ricos, los educados..., y se alejan de los que verdaderamente les necesitan. Jesús fue llamado amigo de pecadores (Mt 11.19; Lc 7.34), pues había venido a *llamar a pecadores al arrepentimiento* (Mt 9.13), es decir, a ayudarles a cambiar su manera de pensar y, por lo tanto, su vida.

De la misma forma, el Consejo Pastoral velará por los necesitados y estará al lado de los pecadores; aquellos que, reconociendo sus miserias y debilidades, desean ser guiados a la restauración de la comunión con el Señor. No importa tanto las veces que uno haya caído, sino el deseo que tenga de levantarse y ser restaurado.

La vigilancia de los pastores ha de orientarse en dos direcciones. Por un lado, la vigilancia preventiva y, por otro, la vigilancia curativa.

La enseñanza de la Palabra de Dios será la mejor estrategia preventiva. Ahora bien, es posible que, a pesar de desarrollar una buena enseñanza en la iglesia, la persona se empiece a apartar de los caminos del Señor, y no necesariamente por causa del pecado.

En el momento en que los pastores observan que alguien se está desviando de la senda que Dios ha trazado, tendrán que ser muy sagaces para acercarse a la persona y tratar de persuadirla para que retorne al camino, advirtiéndole de los peligros que corre. Ahora bien, supongamos que ese creyente se ha obstinado en seguir sus propias sendas; en modo alguno hay que abandonarle, sino todo lo contrario. El seguimiento ha de efectuarse con mayor diligencia y esmero. Yo tengo que confesar que me he equivocado muchas veces en este proceso, enfatizando, quizás hasta el extremo, que solo se puede ayudar a quien quiera ser ayudado. Esto es verdad, pero no toda la verdad, pues también es cierto que los pastores han de velar por los miembros de la Comunidad, independientemente de la situación en que se encuentren.

De forma especial, los pastores velarán por aquel que ha tropezado y tratarán de hacer lo posible por recuperarle para la causa del evangelio. Esto requiere una alta dosis de madurez y fortaleza espiritual, cuyo resultado final será un mayor crecimiento para todos los que participan en el proceso.

Otra de las funciones pastorales tiene que ver con *gobernar*: 1 Timoteo 5.17; 1 Tesalonicenses 5.12.

Esta será otra de las funciones pastorales que ayudará en la recuperación espiritual a todo aquel que tropieza, ya que un gobierno estable y fuerte será capaz de ofrecer seguridad y confianza en todo el proceso y sabrá guiar a la iglesia por la senda de la tolerancia y el perdón.

La palabra gobernar (προΐστημι, 1 Tm 5.17) literalmente significa estar de pie ante, y de ahí viene conducir, ocuparse de (indicando atención y diligencia). La misma palabra se usa en 1 Tesalonicenses 5.12 y se traduce por presidir.

Cada uno de los miembros del Consejo Pastoral tendrá que conocer toda la información para poder supervisar, orientar, guiar..., a la persona que ha caído, pero de especial relevancia en el proceso de restauración, es la labor que desarrollen los ancianos que trabajan en predicar y enseñar, ya que la fuente de la que beberá la persona que ha caído será la Palabra de Dios y es trascendental que se asegure de comprenderla e integrarla en la vida cotidiana. Por eso, no se trata simplemente de exponer las Escrituras públicamente, sino privadamente, en una labor de acompañamiento personal.

El gobierno de la iglesia incluye aspectos de dirección espiritual, proyectos, orientación, amonestación y disciplina, formación, supervisión…

¿Cómo aplicamos todo lo que estamos diciendo a la recuperación espiritual de las personas que caen?

El Consejo Pastoral, al ejercer las labores de gobierno en la iglesia, tendrá que tomar decisiones no comprendidas o aceptadas por todos. En muchas ocasiones, la crítica puede hacer acto de presencia y dañar a la Comunidad; de ahí la trascendencia de la pluralidad en el gobierno de la iglesia para tener muy claro el camino a seguir en todo momento y, allí donde haya duda, aplicar la prudencia que ha de caracterizar a los pastores.

La iglesia no tiene por qué disponer de toda la información respecto a la caída de un hermano aunque, en muchas ocasiones, será de público conocimiento. Por ello, es posible que no siempre comprenda las decisiones que el Consejo Pastoral toma. Lo que sí será necesario es que la Comunidad apoye a los pastores en todo momento, sin fisuras, con la confianza que ha de existir hacia la autoridad en la iglesia, para que el proceso de restauración sea más eficaz y fructífero.

Como norma, lo que sea de público conocimiento tendrá que tratarse abiertamente; aquello que sea privado, deberá tratarse privadamente.

Veamos un ejemplo: cuando el apóstol Pablo tuvo que reprender a Pedro porque actuaba hipócritamente, lo hizo en público, ya que su conducta era notoria para todos: *Pero cuando vi que no andaban rectamente conforme a la verdad del evangelio, dije a Pedro delante de todos: Si tú, siendo judío, vives como los gentiles y no como judío, ¿por qué obligas a los gentiles a judaizar?* (Gal 2.14). Así, los pecados públicos se tratan públicamente y los privados, privadamente. Esto es aconsejable para preservar al hermano que ha caído y no levantar suspicacias innecesarias y estimular, así, las habladurías y la murmuración entre los miembros de la Comunidad.

Además, no todos los creyentes de la iglesia tienen la misma madurez para saber encajar ciertas conductas de algunos hermanos. Por eso, la prudencia y el tacto se tendrán que hacer manifiestos en el Consejo Pastoral para ser capaz de restaurar al que cae y, a la vez, para que la iglesia aprenda a ejercitar la misericordia, el perdón y el amor.

El llamado secreto profesional es un gran aliado. En los años en que desarrollé el ministerio pastoral tenía como norma preguntar a las personas que venían para buscar consejo y orientación si podía compartirlo con otras personas para solicitar su asesoramiento. Era un tiempo en que estaba como pastor único en la iglesia, en mis años de juventud, por lo que el temor a equivocarme estaba siempre presente. Cuando la respuesta de la persona era *Puedes compartirlo con otras personas del Consejo de Iglesia*,[53] encontraba alivio; no obstante, cuando su respuesta era negativa, sabía que eso debía ser llevado a la tumba sin compartirlo con nadie; sus secretos me acompañan, todavía, en el día de hoy. Esto genera confianza en los miembros de la Comunidad. Difícilmente se puede confiar la intimidad de una persona a alguien que no sabe guardar secretos.

Así, los pastores de la iglesia, al desarrollar su responsabilidad de gobierno, generan un clima de confianza que favorece la recuperación espiritual de la persona que ha caído y establecen un marco de relación con la Comunidad que permitirá la restauración eficaz, manteniendo, en todo momento, la privacidad de lo que acontezca, cuando las circunstancias así lo exijan.

---

[53] El Consejo de Iglesia estaba formado, en aquel tiempo, por el pastor, diáconos y otras personas maduras de la Comunidad.

Otra función pastoral tiene que ver con *amonestar*: 1 Tesalonicenses 5.12.

Esta será otra de las funciones pastorales que ayudará en la recuperación espiritual a todo aquel que tropieza.

La palabra amonestar (νουθετέω, de νοῦς, mente y τίθημι, poner) significa literalmente poner en mente. Desde los autores trágicos, esta palabra designa *una influencia sobre el noüs, en la que se supone una resistencia.*[54] Así que vemos, en primer lugar, la idea de oposición; la persona que necesita amonestación ofrece resistencia al nivel del pensamiento. Selter añade:

El hombre es disuadido de un falso camino y corregido en su comportamiento a través de un aconsejar, reprender, advertir, recordar, enseñar y estimular.[55]

Este término tiene un significado más limitado que educar (παιδεύω). Selter insiste en que, con la palabra que aquí se usa, la significación de *castigar, castigo es secundaria y, por lo general, no se encuentra en el NT.*[56]

Esta palabra se usa en dos sentidos en el NT:

- Para hablar de la instrucción: impartir verdades positivas.
- Para hablar de la advertencia: frente a las malas conductas.

Así, la instrucción y la advertencia son las dos caras de una misma moneda.

Para hablar del castigo se usa otra palabra: κολάζω, que *designa el castigo como reacción y respuesta a la acción perversa, no como medio de educación. Tal castigo sirve a lo sumo de escarmiento y advertencia.*[57]

---

[54] F. Selter, Aconsejar, *Diccionario teológico del Nuevo Testamento*, I:58.
[55] *Ibid.*
[56] *Ibid.*
[57] *Ibid.*

En Colosenses 1.28; 3.16 aparece νουθετέω en combinación con διδάσκειν, por lo que amonestación y enseñanza están estrechamente relacionados y forman una unidad inseparable.

Se diferencia de παιδεύω en que esta última implica corregir mediante disciplina. El ministerio pastoral tiene que ver con amonestar a algunos creyentes bien sea para compartir verdades positivas o bien para advertir de las malas influencias, desvíos de la verdad o peligros que acechan la vida cristiana.

Un último texto, Tito 3.10-11: *Al hombre que cause divisiones, después de una y otra amonestación, deséchalo, sabiendo que el tal se ha pervertido, y peca y está condenado por su propio juicio.*

La palabra usada para amonestación es νουθεσία. Es posible que la enseñanza no tenga efecto y que la exhortación y amonestación sean estériles en algunas personas después de varios intentos; en ese caso, el apóstol solicita deséchalo (παραιτέομαι). Originalmente, esta palabra significaba *desligarse de una obligación*.[58]

Con el caso acusativo, la palabra se usó, en el siglo IV a.C., para significar la desaprobación (latín, *deprecari*); en el siglo V a.C., para rechazar, desaprobar.[59] Luciano, en el siglo II a.C., usa παραιτέομαι γυναῖκα, para divorciarse de una mujer.

La idea, en el texto de Tito, puede ser la de la disciplina (excomunión) o la de la separación (mantener la distancia para evitar las malas influencias).[60]

¿Cómo aplicamos todo lo que estamos diciendo a la recuperación espiritual de las personas que caen?

Ya hemos comentado que la amonestación tiene un doble sentido en el Nuevo Testamento, la instrucción y la advertencia. Estas dos líneas han de mantenerse para el beneficio de la persona que ha caído. De la misma forma que un padre se

---

[58] H. Schönweiss, Oración, *Diccionario teológico del Nuevo Testamento*, III:212.

[59] Liddell, H. G. y Scott, *Léxico griego-inglés compendiado*, (Oxford: Oxford University Press, 1992).

[60] La palabra se usa cuatro veces en los escritos paulinos: 1 Timoteo 4.7; 5.11; 2 Timoteo 2.23; Tito 3.10.

preocupa por sus hijos, instruyéndoles y advirtiéndoles cuando quieren hacer algo que no les conviene, los pastores enseñan y advierten a los miembros de la Comunidad sobre las consecuencias negativas de algunas influencias o conductas. No estamos hablando de castigo o disciplina, sino de los pasos previos.

Así, la persona que ha caído recibirá enseñanza específica de la Palabra de Dios en relación a la situación concreta que ha atravesado y las advertencias pertinentes sobre las consecuencias de las recaídas. De ello habla Lucas 11.24-26. El apóstol Pedro también nos habla de algo similar cuando dice: *Si habiendo ellos escapado de las contaminaciones del mundo, por el conocimiento del Señor y Salvador Jesucristo, enredándose otra vez en ellas son vencidos, su postrer estado viene a ser peor que el primero. Porque mejor les hubiera sido no haber conocido el camino de la justicia, que después de haberlo conocido, volverse atrás del santo mandamiento que les fue dado* (2 P 2.20-21), en el contexto de los falsos profetas y maestros. Lo importante de este texto es ver las consecuencias dañinas de volver atrás, de no tener en cuenta la amonestación de los pastores, como portavoces de la Palabra de Dios.

Lejos de esto, las personas que han caído serán instruidas en los caminos del Señor, fortalecidas con las promesas de Dios, motivadas por el perdón del Padre y advertidas de los peligros que corren si no se fortalecen en las Escrituras y en la comunión con los hermanos.

A modo de conclusión, podemos decir que en este capítulo hemos querido insistir en la importancia de la labor pastoral en el proceso de recuperación de las personas que caen. Se trata de personas seleccionadas por el Espíritu Santo, con unas cualidades especiales, dignas de ser imitadas, que desarrollan la labor de gobierno de la iglesia, teniendo como herramienta básica la enseñanza de la Palabra de Dios y como meta, el ayudar a cada miembro de la Comunidad a ser más semejantes al Señor Jesucristo.

En ese proceso de santificación habrá tropiezos que deberán tratarse desde la cercanía, el amor cristiano, la tolerancia, la paciencia, la comprensión y el perdón, de la misma forma que Dios ha hecho con nosotros. Los pastores ayudarán a la persona que ha caído para que recupere su dignidad como creyente y vuelva a la comunión con Dios y con la iglesia, ayudando a curar las heridas que se hayan producido y desarrollando una estrategia específica para evitar las recaídas. Así, la causa del evangelio seguirá desarrollándose al haber recuperado un soldado herido para prepararlo, equiparlo y enviarlo a nuevas batallas. Dios será glorificado.

Una conexión emocional

La principal herramienta que tienen los pastores en el proceso de restauración es la comunicación; no se trata de impartir verdades eternas a través de lecciones magistrales, sino de llegar al corazón de las personas sin desatender su razón. Orientar la comunicación al corazón, en detrimento de la mente, reduce la efectividad de nuestro mensaje; de la misma forma, llegar a la mente sin activar el corazón, generará una pérdida de energía significativa en el proceso de restauración.

Para desarrollar una auténtica comunicación emocional propongo el siguiente proceso:

Objetivación. Aquí se trata de concretar realmente lo que ha pasado. La pregunta clave es: ¿puedes resumir en unos minutos lo que ha ocurrido? Ayuda a no perderse en detalles insignificantes que distraen del verdadero problema de la persona. Cuando alguien cae, podemos guiar a la persona a concretar realmente lo ocurrido; no hace falta llegar a todos los pormenores del asunto, sino delimitar la situación con el fin de que quede claramente definida. Además, así certificamos que la persona es consciente de lo que ha pasado y es capaz de hablar de ello.

Emoción. La pregunta clave aquí es: ¿cómo te sientes después de lo ocurrido? Los sentimientos forman parte de nosotros; permitir que fluyan es gratificante y sanador. Cuando un niño tiene daño, llora y expresa entre sollozos lo que le ha afectado; eso le ayuda a curar no tanto la herida, sino el dolor emocional. De ahí que sea necesario llegar al fondo de la cuestión incluyendo los aspectos emocionales de la persona que ha caído.

Es a partir de estos dos primeros elementos que podemos hablar de arrepentimiento, porque no lo centramos solamente en lo emocional, ni solamente en lo objetivo, sino en los dos. La persona ha de ser consciente de su pecado y de las consecuencias dañinas que tiene (objetivación) y, a la vez, ha de encontrar la válvula de escape necesaria para su alivio personal (emoción). A partir de aquí, no es difícil que se produzca el arrepentimiento. Recordemos lo que hicieron los judíos que oyeron hablar a Pedro en el mensaje de Pentecostés cuando predicó el evangelio: *Al oír esto, se compungieron de corazón, y dijeron a Pedro y a los otros apóstoles: Varones hermanos, ¿qué haremos?* (Hch 2.37). El apóstol Pedro les dijo: *Arrepentíos…, para perdón de los pecados* (Hch 2.38).

Focalización. En este paso ayudamos a la persona a centrar su atención en lo que más le preocupa de todo lo ocurrido. La pregunta clave es: ¿qué es lo que más te inquieta de todo lo que ha pasado? Por ejemplo: la persona que ha caído puede haber sido capaz de informar que el problema ha estado en quedarse con dinero de la empresa (objetivación); puede mostrar vergüenza y llorar por haber sido descubierto (emoción). Ahora le ayudamos a centrarse en lo que más le preocupa (focalización); por ejemplo, podría ser la sanción económica que le impondrán, el pensar cómo va a pagar las facturas, lo que van a pensar sus hijos…

Acción. Aquí centramos la atención en las capacidades y mecanismos que tiene la persona para actuar. Se habrá visto, en ocasiones, en situaciones complicadas y habrá salido adelante; ahora se trata de conocer qué ha hecho en el pasado para afrontar situaciones de crisis y qué puede hacer para enfrentar la que ahora tiene. Todos tenemos una capacidad asombrosa para salir de situaciones críticas y no hemos de subestimar a nadie. Cuando la persona que ha caído participa en el proceso de recuperación y aporta sus propias ideas, las probabilidades de progreso son mayores. Recordemos la distinción que hacíamos más arriba entre el desear y el querer. La persona que ha caído no solo deseará cambios, sino que ha de quererlos, por lo que tendrá que aplicar voluntad de acción.

Sintonización. La clave aquí está en que nos vea cercanos, participantes de su dolor. Lo que las personas necesitan en momentos de crisis es no solamente saber cómo afrontarlas, sino percibir que se les comprende y que no están solas. Esto fortalecerá su estado anímico y les ayudará a tomar las decisiones convenientes en el proceso de restauración. Cuando decimos a alguien que ha caído que comprendemos lo que debe sentir porque nosotros también hemos caído en otras ocasiones, y compartimos que Dios nos ha ayudado a levantarnos para volver a caminar y hemos experimentado la sanidad divina, estamos dando la medicina adecuada.

La comunicación emocional ha de ser cuidada, para que la persona que ha caído nos vea como un aliado, como un hermano que ha salido en su ayuda y está dispuesto a acompañarle en el camino tortuoso de la recuperación. A partir de esta conexión emocional lograremos grandes beneficios para toda la Comunidad Cristiana.

CAPÍTULO 6

Agentes de restauración: la Comunidad Cristiana

Hasta ahora hemos visto como agentes de restauración la persona afectada, Dios, los pastores y, ahora, vamos a centrar la atención en la Comunidad Cristiana. Podemos anticipar que no hay restauración eficaz si no se hace desde la iglesia; la persona que ha caído ha de ser restaurada a la comunión de la iglesia, por lo que la labor de los miembros de la Comunidad es muy importante para la salud espiritual de todos y cada uno de los creyentes. A partir del pecado, algo se ha roto; ahora hay que recomponerlo; es posible que no quede igual, pero las relaciones han de ser sanadas, permitiendo el proceso natural de cicatrización, para que la iglesia no se resienta. No servirá de nada hacer la vista gorda, tratar de tapar el problema o, incluso, alargar el proceso de convalecencia. El mayor beneficio para la iglesia es salir al paso, enfrentar la cuestión y buscar los procedimientos necesarios para generar sanidad.

Ya hemos mencionado antes el texto de Colosenses 3.16, donde Pablo se refiere a toda la iglesia y les dice: *La palabra de*

Cristo more en abundancia en vosotros, enseñándoos y exhortándoos unos a otros (lit.: a vosotros mismos) en toda sabiduría. El texto original da a entender que la enseñanza y la exhortación no la desarrollan tanto los miembros de la Comunidad, sino la Palabra de Dios, cuando mora abundantemente en los creyentes. Esto es normal, pues *de la abundancia del corazón habla la boca* (Lc 6.45). Si estamos llenos de la Palabra de Dios, manará la enseñanza adecuada para instruir y exhortar a los creyentes con el fin de favorecer su crecimiento espiritual; entonces, el resultado será la alabanza a Dios. Si no estamos llenos de la Palabra de Dios, el resultado será frustración y desencanto.

Una expresión que recorre todo el Nuevo Testamento y que Gene A. Getz ha desarrollado con mucha inteligencia es unos a otros (ἀλλήλων), e implica reciprocidad.[61] Las comunidades neotestamentarias captaron la importancia de la labor que debían desarrollar todos y cada uno de los miembros de la iglesia para permitir y provocar su crecimiento espiritual. La iglesia no crece por el esfuerzo del pastor o del Consejo de Iglesia, sino por el hecho de que cada miembro cumpla con su función dentro del cuerpo de Cristo y según los dones que el Espíritu Santo ha otorgado a cada uno en particular. De ahí el énfasis de los escritores del Nuevo Testamento para hablar de la acción de los unos hacia los otros.[62] Los textos rebosan reciprocidad, relación dinámica. Solo así, la restauración de los que caen será posible.

Esto es trascendental. Ninguno de nosotros entendería una empresa en la que solo trabaje el 20% de la plantilla, mientras el otro 80% está como espectador. Esa empresa no tendría mucho futuro.

---

[61] Gene A. Getz, *Edificándoos los unos a los otros* (Terrassa: Clie, 1980).
[62] Amaos unos a otros, servíos unos a otros, honraos unos a otros, perdonaos unos a otros, sobrellevad las cargas unos de los otros, soportaos unos a otros, saludaos unos a otros...

Un cuerpo en el que solo funcione el 50% de los miembros está atrofiado. Pensemos en las limitaciones que tiene una persona que ha perdido la vista o el oído, o un brazo, o ha tenido un problema en el riñón... En definitiva, Pablo enseña, a través de una excelente y gráfica imagen, que todos los miembros del cuerpo son necesarios y tienen su función (1 Cor 12).

De la misma forma, una iglesia que quiera crecer, desarrollarse y ser fructífera, tiene que entender y asumir que cada miembro de la Comunidad ha de desarrollar su función. De lo contrario, será una iglesia que no tendrá mucho que ofrecer a la sociedad y cuya seña de identidad será la atrofia. Por supuesto, esto no honra ni glorifica a Dios.

En otro lugar he hablado ya del texto de 1 Tesalonicenses 5.14:[63] *También os rogamos, hermanos, que amonestéis a los ociosos, que alentéis a los de poco ánimo, que sostengáis a los débiles, que seáis pacientes para con todos.* Este texto es muy significativo para ayudarnos a discernir las necesidades de cada miembro en particular. El ocioso no necesita ser sostenido, sino amonestado; el débil no necesita amonestación, sino ser sostenido...

Por ello, la persona que ha caído tiene unas necesidades muy específicas que hay que descubrir; el discernimiento espiritual será clave para poder ayudar adecuadamente a esta persona. Necesitará amonestación en algunos momentos, aliento en otros, comprensión y abrazo en otros, confrontación en otros... Lo interesante de este texto es que es una exhortación dirigida no a los pastores, sino a los miembros de la Comunidad, es decir, a los hermanos. El texto es paralelo a v. 12: *Os rogamos, hermanos, que reconozcáis a los que trabajan entre vosotros....* Verso 14: *También os rogamos, hermanos....*

El apóstol Pablo escribió a los tesalonicenses: *Si alguno no obedece a lo que decimos por medio de esta carta, a ése señaladlo, y*

---

[63] Pedro Álamo, *La Iglesia como comunidad terapéutica.*

no os juntéis con él, para que se avergüence. Más no lo tengáis por enemigo, sino amonestadle como a hermano (2 Ts 3.14-15). Solo enfatizaremos aquí lo que venimos diciendo más arriba: la responsabilidad de la disciplina eclesial es de los miembros de la Comunidad y no solo de los pastores.

El texto clave en este capítulo es Gálatas 6.1: *Hermanos, si alguno fuere sorprendido en alguna falta, vosotros que sois espirituales, restauradle con espíritu de mansedumbre, considerándote a ti mismo, no sea que tú también seas tentado.*

Varios elementos debemos atender aquí y que revelan la inteligencia con que el apóstol plantea el tema en una Comunidad que está en pleno desarrollo y estatus de madurez cristiana.

Existe situación de pecado

Efectivamente, el apóstol indica que la responsabilidad de actuar existe en el momento en que hay pecado. Es evidente que no se trata de una simple diferencia de opinión, sino de una falta en la que un miembro de la iglesia es sorprendido. La palabra usada es παράπτωμα, que significaba, en el mundo griego, cometer una falta, un error de forma inadvertida.[64] La idea original es que una persona se desviaba del camino (caer al lado).

La versión griega del Antiguo Testamento traduce con este término palabras que expresan una ofensa consciente y voluntaria contra Dios.[65] Bauder insiste en que, en los LXX, solo en casos aislados se emplea para pecados de debilidad no intencionados.[66] La misma palabra se usa en Roma-

---

[64] W. Baunder, Pecado, *Diccionario teológico del Nuevo Testamento*, III:325.
[65] *Ibid.*
[66] *Ibid.*

nos 5.15 (transgresión) y en Romanos 5.20 (pecado); en este último texto aparece junto a ἁμαρτία (pecado). Bauder añade:

> *Se trata de una palabra que sustituye a pecado, pero indica con mayor fuerza una acción voluntaria (solo en Ro 5.20 como algo de conjunto) con sus fatales consecuencias; se entiende, pues, figuradamente como una acción, por la que el hombre cae y pierde el estado que Dios le ha otorgado.*[67]

Así las cosas, se trata de una conducta que se aleja del camino de Dios y, por lo tanto, de su voluntad, ya sea de manera involuntaria o intencionada. En ambos casos, la conducta ha de ser confrontada y la persona restaurada por las consecuencias tan negativas que conlleva el alejamiento de Dios.

El apóstol señala que la persona ha de ser sorprendida (προλαμβάνω), con lo que no se contempla que la persona confiesa voluntariamente su ofensa (ese sería otro tema). Lo cierto es que cualquiera de nosotros trata de encubrir sus faltas y que permanezcan ocultas (eso es normal), aunque es evidente que Dios todo lo ve. En el caso de ser sorprendido, hay una responsabilidad en la comunidad.

Intervención de las personas espirituales

El apóstol Pablo solicita la intervención de las personas espirituales. Más adelante analizaremos el procedimiento que enseña en el Nuevo Testamento; aquí nos centraremos en las personas que han de actuar. Ahora bien, ¿quiénes son los espirituales? (οἱ πνευματικοὶ).

Como primera pista podemos ver 1 Corintios 3.1, que opone espirituales a carnales: *...no pude hablaros como a espirituales, sino como a carnales, como a niños en Cristo.* En este texto se trata

---

[67] *Ibid.*

de personas que no han madurado, que no se han desarrollado como cristianos. En el verso 3 del mismo capítulo, el apóstol denuncia la realidad de la iglesia de Corinto: entre ellos había celos, contiendas. Las mismas palabras se usan en Gálatas 5.20 al hablar de las obras de la carne, en una lista bastante más amplia. Así que, primeramente, podemos decir que las personas espirituales no manifiestan las obras de la carne. Gálatas 5.16 dice: *Andad en el Espíritu y no satisfagáis los deseos de la carne.*

Otro texto que avala lo que estamos diciendo es Romanos 7.14: *Porque sabemos que la ley es espiritual; mas yo soy carnal, vendido al pecado*; es decir, este texto contrasta lo espiritual con lo carnal y la ley con el pecado. La persona que es carnal es esclava del pecado.

Espirituales son aquellos que son guiados por el Espíritu Santo (Ro 8.14). Esto tiene que ver con el concepto que comentábamos más arriba con la palabra falta, que indicaba apartarse del camino. Dios ha trazado una senda y aquellos que la siguen, a pesar de las presiones a que son sometidos, son espirituales. Esto no significa que nunca se apartan, sino que saben reorientarse y volver pronto a los caminos de Dios. En aquella gran visión que tiene el apóstol Juan, testifica *justos y verdaderos son tus caminos, Rey de los Santos* (Ap 15.3). Los caminos de Dios están caracterizados por la justicia y la verdad. Aquellos que caminan por estas sendas son personas espirituales.

Espirituales son los que evidencian el fruto del Espíritu (Gal 5.22-23): *Porque el fruto del Espíritu es amor, gozo, paz, paciencia, benignidad, bondad, fe, mansedumbre, templanza; contra tales cosas no hay ley.* Este tipo de personas no necesitan ser buscadas, pues fácilmente se encuentran y son identificables rápidamente. Esto no es lo mismo que reconocer a los que tienen el mando o la influencia. Hay iglesias en las que los poderes fácticos están identificados en una serie de personas que no necesariamente son las espirituales. En política esto pasaría desapercibido; en la iglesia es un craso error.

Notemos que el apóstol no habla de los frutos (en plural), sino del fruto (en singular). No son muchos frutos, sino uno solo, que es plural. Esto significa que la persona espiritual evidencia una calidad de vida integral; manifiesta que está llena del Espíritu porque ama, está gozosa, es pacificadora, demuestra paciencia... No es posible decir este hermano es espiritual porque tiene paciencia, aunque poca templanza. La persona espiritual tampoco se autodefine a sí misma como tal, sino que de su presencia y actividad emana un testimonio digno de ser imitado.

Espirituales son los que manifiestan en su vida las cualidades que hemos mencionado como requisitos para los pastores y ancianos. Esas características han de representar la meta hacia la que todo cristiano ha de avanzar, pues significan un modelo de vida y conducta que agrada a Dios. Además, todos estamos llamados a ser como el Maestro, Jesús. El apóstol Juan nos recuerda: *El que dice que permanece en Él debe andar como Él anduvo* (1 Jn 2.6). El doctor Lucas nos recuerda que *Dios ungió con el Espíritu Santo y con poder a Jesús de Nazaret, y cómo este anduvo haciendo bienes y sanando a todos los oprimidos por el diablo, porque Dios estaba con él*. Es interesante observar cómo se vincula aquí ser ungido con el Espíritu Santo, hacer el bien y sanidad; y el texto añade *Dios estaba con él*; de la misma forma, todos aquellos que son espirituales, serán llenos del Espíritu Santo y harán el bien, porque Dios estará con ellos. *Contra tales cosas, no hay ley*, dice Pablo a los Gálatas; es decir, no se trata de obedecer una ley, sino de vivir según el carácter de Dios: *Sed imitadores de Dios, como hijos amados* (Ef 5.1).

Objetivo: la restauración

Todas nuestras conductas están orientadas hacia un objetivo o una meta. En el proceso de recuperación espiritual no podía ser menos.

Hay creyentes que tropiezan y caen siendo engañados por su propia mente o por el Enemigo. Estos hermanos necesitan ayuda para ser restaurados.[68] Es muy difícil que uno mismo pueda autorestaurarse. Por eso cobra mucho sentido la comunión cristiana y la actitud pastoral del ministerio cristiano tal como estamos viendo en estas líneas.

La palabra restaurar (καταρτίζω) significa poner en orden, restaurar a su condición anterior, poner recto lo que se ha torcido. Esta palabra se usaba para hablar de remendar las redes cuando estaban estropeadas después de la faena realizada (Mt 4.21; Mc 1.19).

Los LXX, nos dice Schippers, usan el verbo καταρτίζω 19 veces para traducir unas nueve palabras hebreas.[69] Y añade que este verbo significa colocar, guiar, preparar, aliviar.

En el Nuevo Testamento, la palabra se usa 13 veces teniendo significados similares al Antiguo.

Así, la persona que cae necesita ser reparada, recuperada, guiada, preparada, aliviada. Se trata de volver a equipar a una persona para que pueda valerse por sí misma.

La meta que propone el apóstol difícilmente puede ser otra para aquellos que son espirituales. Mientras que algunos estarán dispuestos a tratar de averiguar todo lo que ha pasado y otros desearán que la justicia (por no decir legalismo intransigente o venganza) prevalezca, los espirituales buscarán cómo recuperar a la persona que ha caído, cómo volverla a equipar para que pueda recobrar su dignidad y ser útil en las manos de Dios otra vez. Los intransigentes preguntarán ¿qué ha hecho tal hermano?; los espirituales se plantearán ¿qué podemos hacer para recuperarlo? Los primeros miran hacia el pasado, los segundos hacia el futuro.

---

[68] Recomendamos la lectura detenida del libro de John White y Ken Blue. *Restauración de los heridos* (Florida: Vida, 1985).
[69] Schippers, Perfecto, Recto, *Diccionario teológico del Nuevo Testamento*, III:346.

El camino no es fácil; habrá momentos de éxito y momentos de retroceso. No obstante, como dice el autor de Proverbios, *en todo tiempo ama el amigo y es como un hermano en tiempo de angustia* (Prov 17.17). Estar cerca cuando las cosas van bien es sencillo; estar al lado de alguien cuando manifiesta sus propias miserias y cae, tratando de ayudarle y amarle, solo es apto para espirituales.

Actitudes correctas

El apóstol Pablo es claro y conciso: *considerándote a ti mismo, no sea que tú también seas tentado*. La palabra usada para considerar es σκοπέω, que significa mirar y está relacionada con σκοπός, que significa meta. Se usa en Romanos 16.17, *que miréis los que causan disensiones...*; en 2 Corintios 4.18, *no mirando... a las cosas que se ven*; en Filipenses 2.4, *no mirando cada uno por lo suyo...*; en Lucas 11.35, *Mirad, pues, no suceda que la luz que en ti hay, sea tinieblas*. La idea sería la de que nuestra vida se oriente de forma reflexiva, cuidadosa, sin improvisación, observando detenidamente para llegar a las mejores conclusiones.

El apóstol, de forma magistral, indica el sentido de la orientación vital: considerándote a ti mismo. Se trata de un análisis existencial personal, intimista, determinando si tenemos las condiciones suficientes y necesarias para poder ayudar a otras personas con el juicio preciso, la mente serena y el corazón dispuesto.

Saber que uno mismo también puede ser tentado y tropezar en alguna falta será el mejor aliado para ayudar de forma efectiva al que cae. Por supuesto, esta actitud solo la tendrán los que son espirituales. Lo contrario será hacer juicios sin misericordia. ¡Cuán fácilmente olvidamos que la *misericordia triunfa sobre el juicio* (Stg 2.13), pero la primera parte del verso dice que *juicio sin misericordia se hará con aquel que no hiciere misericordia*!

Curiosamente, el texto siguiente al que estamos considerando de Gálatas dice: *Sobrellevad los unos las cargas de los otros, y cumplid así la ley de Cristo* (Gal 6.2). El apóstol enseña que cumplir la ley de Cristo, que tiene que ver con amar al prójimo como a uno mismo, implica llevar las cargas de los demás. Cargas (βάρος), *denota un peso, todo aquello que oprime a uno*.[70] ¿Cómo puedo decir que amo a mi hermano y no llevo sus cargas, o no le ayudo cuando tropieza, o me distancio cuando tiene problemas?

El que ha caído en alguna falta experimentará un peso difícil de llevar, estará débil mental y espiritualmente, y requerirá la ayuda de aquellos que son espirituales; esta persona no necesita el desprecio, sino la misericordia; no la distancia, sino la cercanía; no el rechazo, sino el amor; no la crítica, sino la palabra reconfortante. No necesita la hoguera, sino el bálsamo. Al elegir uno u otro camino participaremos en la destrucción o en la recuperación de las personas que tropiezan y evidenciaremos si la iglesia a la que pertenecemos es espiritual o no.

En consonancia con lo que el apóstol escribe a los Gálatas, encontramos una advertencia muy clara en otro pasaje de la Escritura. Pablo escribe acerca de aquellos que no agradaron a Dios con su conducta en tiempos antiguos, cuando Israel salió de Egipto, y les recuerda que todo eso aconteció como ejemplo para los creyentes *para que no codiciemos..., ni seáis idólatras..., ni forniquemos..., ni tentemos al Señor, ni murmuréis...* (1 Cor 10.6-10). El apóstol culmina diciendo: *Y estas cosas acontecieron como ejemplo, y están escritas para amonestarnos a nosotros...* (v. 11). Y añade: *Así que, el que piensa estar firme, mire que no caiga* (v. 12). Este pasaje nos orienta hacia la santidad,

---

[70] Vine, Cargar, Carga, Cargamento, *Diccionario expositivo*, I:231.

teniendo en cuenta que aquellos que piensan que no caerán pueden tropezar fácilmente.

Un ejemplo

Desearía ilustrar todo lo que estamos diciendo con la restauración de una obra de arte, y más en concreto un lienzo. Varios son los pasos que tenemos que dar para que el resultado final sea satisfactorio.

Para este tipo de trabajo no sirve cualquier persona, sino solo especialistas, dejando la improvisación para otras artes. Todo el proceso requiere un trabajo concienzudo, en el que prima la delicadeza, el esmero, la diligencia y la pulcritud. Las negligencias se pagan muy caras.

En el mundo artístico se distingue entre el restaurador y el propietario de una obra de arte. Para el primero lo que tiene más importancia es lo que el objeto es en sí mismo, mientras que para el propietario lo importante es el valor que ese objeto tiene (principalmente monetario).

Así, las personas espirituales no son propietarios de los creyentes que Dios pone en su camino, sino restauradores, a los que les interesa lo que las personas son en sí mismas, y no solo su valía. Es decir, restauramos a alguien no por lo que vaya a aportarnos en el futuro (servicio, reconocimiento, dinero...), sino porque es una persona, hecha a imagen y semejanza de Dios.

En la restauración, el objetivo no es solo recuperar el original, sino hacerlo de forma responsable, usando productos reversibles y tratando de no alterar su esencia. Esto es de vital importancia. Imaginemos que usamos un producto abrasivo que nos impide volver atrás e intentarlo de nuevo. El restaurador de una obra de arte ha de ser consciente de sus capacidades y de sus limitaciones.

De la misma manera, aquellos que son espirituales, trabajarán de forma responsable, usando procesos reversibles, respetando la esencia de la persona, minimizando el impacto de algunas actuaciones para no dejar huellas irreparables en el corazón humano. Por ello, el restaurador espiritual también será consciente de sus capacidades y de sus limitaciones y no tratará de hacer aquello para lo que no está capacitado; eso es parte de su espiritualidad.

Como primer paso en la restauración de una obra de arte está el proceso de limpieza. Este es el más delicado, pues requiere mucha destreza, cuidado e inteligencia. Hay dos situaciones con las que se encuentra todo restaurador. Por un lado, vigilar para que los contenidos estéticos permanezcan en la pintura y, por otro, emplear los materiales adecuados para hacer la limpieza.

La limpieza eliminará el barniz alterado y todo aquello que es ajeno a la obra de arte, tratando de dejar intacta la pintura original. Por ello, una limpieza a fondo resultaría muy peligrosa y, en ocasiones, irreparable. Así las cosas, el buen restaurador ejercerá su oficio con mucha delicadeza, tomándose su tiempo, usando los materiales menos agresivos y buscando mantener la belleza de la obra dejando el original intacto. En este caso, limpiar demasiado es perjudicial.

De la misma forma, aquellos que son espirituales, cuando restauran a la persona que ha caído, desarrollarán el proceso de limpieza con mucha delicadeza, sin prisa, vigilando de no agredir a la persona y tratando de encontrar su belleza como hijo de Dios recuperando su dignidad.

En este sentido, habrá que bucear en el interior de la persona, descubrir cosas que están ahí y que le motivan a actuar de determinadas maneras, indagar en su vida familiar, en su relación con los demás, conocer su intimidad en todos los aspectos de su vida. Todo ello ha de ser realizado con sumo cuidado y estricta pulcritud para no dañar. Se trata de conocer a la persona, no de avergonzarla. Los espirituales están llamados a limpiar el alma y a curarla, no a dejarse llevar por una avidez de saber más de lo necesario o de inmiscuirse en lo que no corresponde.

El libro de Eclesiastés hace un llamado a la moderación cuando dice: *No seas demasiado justo, ni seas sabio con exceso; ¿por qué habrás de destruirte? No hagas mucho mal, ni seas insensato; ¿por qué habrás de morir antes de tu tiempo?* (Ecl 7.16-17). Estos dos textos nos sitúan entre dos extremos: exceso de justicia y exceso de mal; exceso de sabiduría y exceso de insensatez. Todos estos extremos nos llevarían al desastre. El autor de Eclesiastés solicita equilibrio. Una persona demasiado justa consigo misma o con los demás la llevaría a una situación insostenible, agobiante, demoledora. No podría vivir martirizado por su conciencia, incapaz de perdonarse. La misma sombra de muerte sería proyectada hacia los demás al no perdonar ni el más leve error. El resultado sería no tanto la justicia, sino un legalismo intransigente, mortífero y nefasto. Evidentemente, el polo opuesto también es destructivo, al reducir la conciencia en extremo, lo que haría que lleváramos vidas totalmente livianas.

Limpiar una herida en el cuerpo puede producir dolor; de forma especial si tenemos que quitar aquellos elementos extraños que se han incrustado. La cura del alma no podía ser menos; de manera especial porque hay síntomas emocionales que perviven en la persona incluso varios años después de una situación traumática. En psicología, se usa una técnica psicoterapéutica que está orientada a provocar una alta respuesta emocional de manera que, cuanta mayor sea esa respuesta emocional, más rápidamente tendrá lugar el desaprendizaje de la conducta sintomática. Se trata de evocar aquellos estímulos que están cargados afectivamente y codificados en el cerebro. El psicoterapeuta trata de llevar al paciente hacia aquello que teme, provocando una respuesta emocional profunda, en ausencia de estímulo aversivo; con la repetición, los síntomas desaparecen. Esta técnica se denomina Implosión o Inundación.[71] Usando este procedimiento, podríamos pensar que la persona sufre mucho al tener que reactivar en su memoria aquello que teme, ya que la respuesta emocional es muy intensa; no obstante, el resultado es extremadamente alentador, pues con la práctica, el miedo se transforma en paz interior. Más recientemente se ha experimentado con una nueva técnica psicoterapéutica, que complementa el procedimiento de Implosión, conocida como EMDR (Eye Movement Desensitization and Reprocessing, es decir, movimientos oculares de desensibilización y reprocesamiento),[72] que parte de la idea de que en cada uno de nosotros existe un mecanismo de digestión de los traumatismos emocionales.[73] Así, no hemos de tener temor a revivir situaciones traumáticas, si se hace en un clima de comprensión, tolerancia y amor.

Una vez que hemos terminado la limpieza, podemos detectar lo que hay deteriorado para proceder a la restauración. Si se trata de un lienzo, y está roto, hay que poner un parche igualando la tela, se usa cera y luego se pasa una plancha caliente para que se adhiera. Posiblemente tengamos que dibujar el motivo que falta y, posteriormente, pintar y dejar secar para terminar barnizando el lienzo con el fin de proteger la pintura de agresiones externas. El proceso es largo y lleva su tiempo.

Cuando se trata del alma o del espíritu, el asunto es más complicado porque no vemos exactamente y de manera clara

---

[71] Para una exposición detallada de esta técnica, se puede consultar el escrito de Donald J. Levis y Patricia A. Rourke, «La terapia implosiva (inundación): una técnica conductual para la extinción de la reactivación de la memoria», en el libro compilado por Vicente E. Caballo, *Manual de técnicas de terapia y modificación de conducta* (Madrid: Siglo XXI, 1993), p. 217 y ss.

[72] David Servan-Schreiber, *Curación emocional* (Barcelona: Kairós, 2004), p. 88 y ss.

[73] Recomendamos el libro de David Servan-Schreiber por la experiencia profesional que tiene y por ser un texto bastante asequible.

lo que hay en el interior de la persona; además, tenemos que confiar en que nos está compartiendo, realmente, lo que siente y lo que piensa. A partir de ahí, podemos formular hipótesis de trabajo para ver por dónde hemos de continuar para recuperar a esa persona. Si nos damos cuenta de que no avanzamos, tendremos que cambiar de estrategia. Todo ello ha de revestir al restaurador de una gran paciencia, discernimiento y sabiduría.

No se trata solamente de concluir cuál ha sido el pecado y qué disciplina hay que imponer a la persona. Eso no solucionará el problema y, posiblemente, haya recaídas. Se trata de limpiar su alma, ver lo que hay deteriorado y repararlo, y todo ello desde la complejidad que encierra el ser humano, con sus innumerables vericuetos espirituales. Por ejemplo, ¿qué proceso seguiríamos con un miembro de la Comunidad que es sorprendido en un burdel y, al confrontarlo, confiesa que lleva así mucho tiempo? Lo habitual es ejercer la disciplina en la iglesia, privarle de la comunión y el tiempo lo curará. Sencillamente, eso no funciona y, lamentablemente, así se ha enfocado la pastoral eclesial en muchos lugares.

El proceso de limpieza comienza cuando ahondamos en su vida interior y descubrimos cómo siente, qué piensa, cómo ha sido su vida pasada, su entorno familiar, su conversión y desarrollo espiritual, sus luchas internas, sus crisis existenciales, sus dudas, sus temores… La herida espiritual ha de ser limpiada y, por ello, destapada, pero teniendo cuidado de no hacerlo demasiado a fondo para no dañar su frágil alma. Cuando la persona habla de sus problemas, de su caída, de su pecado…, y lo hace de una manera abierta y el corazón se compunge, estamos en el camino adecuado; el proceso de restauración ha comenzado, pero no lo podemos dejar a medias, como tantas veces ha ocurrido; la herida está abierta, pero no curada, y se puede infectar.

Confesar el pecado pone en comunión a esa persona con Dios, pero no la restaura totalmente. Una vez hecho esto, tendremos que curar la herida, con el mismo esmero con el que hemos llevado a cabo la limpieza. El proceso es lento, largo y laborioso. Pero no importa, pues estaremos recuperando a un hermano para la causa del evangelio. Si lo hacemos bien, seguramente estaremos equipando a esa persona para que pueda ayudar a otras cuando caigan.

El proceso de acompañamiento espiritual puede prolongarse. Aquellos que son espirituales usarán las herramientas de que disponen para fortalecer la vida interior de la persona que ha caído de manera que, al cabo de un tiempo, podrá valerse por sí misma. Entonces, y solo entonces, esa persona estará restaurada.

El caldo de cultivo para la restauración es configurar una iglesia acogedora, tolerante, consciente de su debilidad, abierta a los demás, dispuesta a perdonar, llena de amor, preocupada por los que tropiezan y ocupada en el crecimiento de todos y cada uno de sus miembros.

CAPÍTULO 7

Principios y fundamentos de la restauración eficaz

En este capítulo vamos a plantear las bases fundamentales sobre las que se sustenta la restauración y que están en coherencia con todo lo mencionado anteriormente.

Podemos abordar el tema desde diferentes puntos de vista, considerando las distintas opciones que nos plantea la psicología, la teología pastoral, la eclesiología... Yo he preferido centrarme en una doble perspectiva: los principios y bases que ha de tener en cuenta la persona que ha caído y los que ha de tener en cuenta la Comunidad Cristiana. Evidentemente, estas dos perspectivas son complementarias y necesarias; no podemos entenderlas separadamente. Sencillamente las consideramos aparte por cuestiones didácticas o pedagógicas. Además, se van entrelazando de manera continuada.

Estos principios o fundamentos son necesarios para evitar errores de procedimiento. Las Escrituras nos enseñan a andar con diligencia, sabiamente y no con necedad, *aprovechando bien el tiempo, porque los días son malos* (Ef 5.16). En el proceso de restauración se ha de poner todo el empeño y sabiduría, porque la debilidad se ha apoderado de la vida de una persona y se ha hecho frágil. Veamos, pues, algunos principios y fundamentos de la restauración eficaz.

Principios y fundamentos para la persona que ha caído

En primer lugar, no culpar a otros de nuestras conductas. Posiblemente este sea uno de los recursos que use la persona cuando es sorprendida en alguna falta: justificar lo que ha pasado o culpar a otros.

Si realmente se desea la restauración, la persona que ha caído ha de comenzar por reconocer su responsabilidad y pecado. Echar las culpas sobre los demás no hará sino provocar mayor perjuicio personal y comunitario. No siempre es fácil.

Hay dos sentimientos que acompañan siempre al pecado: la vergüenza y el miedo. Esto es lo que experimentaron Adán y Eva en los orígenes cuando, después de comer del fruto prohibido, conocieron que estaban desnudos, se hicieron delantales, se escondieron de la presencia del Señor y a la pregunta de Dios, Adán respondió: *Oí tu voz en el huerto y tuve miedo, porque estaba desnudo; y me escondí* (Gn 3.10).

Cuando Dios confronta a Adán y le pregunta si le ha desobedecido, la actitud es echar la culpa al otro: *La mujer que me diste por compañera me dio del árbol y yo comí* (Gn 3.12). La mujer culpó a la serpiente. Esta actitud dificulta la restauración; es como si dijeran a Dios: «No teníamos otro remedio».

Desde el punto de vista psicológico, culpar a los demás de lo que nosotros hacemos es un mecanismo de defensa, pensamos que eso nos protege, nos hace menos vulnerables y más fuertes como personas. Sencillamente no es cierto. Por eso, el concepto de pecado no es popular en nuestros días. Es más fácil culpar a la sociedad de nuestras propias debilidades y, así, difícilmente podremos avanzar.

Por supuesto, reconocemos que el entorno nos puede condicionar enormemente, pero nosotros somos los primeros responsables de nuestras acciones. Por ejemplo, vivimos en una sociedad que nos estimula al consumo, a tener cada vez más dinero, a vivir mejor... Yo puedo tener la tentación de apropiarme de lo que no es mío y llegar a justificar el robo, el hurto o el fraude para conseguir aquello que no tengo; también puedo usar la mentira en los negocios para ganar más..., y posiblemente funcione a corto plazo, pero lo que estaré haciendo es empobrecerme como persona a un ritmo vertiginoso. Al final, cuando soy sorprendido en esa falta, puedo seguir cegado por el pecado y decir que la sociedad me ha empujado a ello, concluir que todo el mundo lo hace, o indicar que, en el mundo de los negocios, no hay otro camino...

La mentira nos hace débiles, mientras que la verdad nos fortalece como personas. Es cierto que, como consecuencia del pecado, experimentaremos la vergüenza y el miedo; pero, cuando somos confrontados, la salida más digna es reconocer lo que hemos hecho mal, buscar el arrepentimiento y el perdón de Dios. Este será el camino de la restauración; al principio es doloroso, pero el final estará lleno de paz y bendición porque permitiremos que el Espíritu Santo haga su obra en nosotros.

En segundo lugar, evitar actitudes defensivas. Este principio está muy relacionado con el anterior, pero tiene matices diferenciadores. Cuando un animal está acorralado, tiende a defenderse de forma agresiva; entonces, la mejor defensa es un buen ataque. Con las personas no es diferente. En lugar de justificar lo que hemos hecho, pasamos a la acción y atacamos. Esta reacción es normal cuando uno se siente acorralado, para ocultar su pecado o minimizar su acción. Una vez más, es una respuesta emocional al miedo que experimentamos y, en muchas ocasiones, es automática, aunque consciente.

Emilio Mira y López, en su excelente ensayo «Los cuatro gigantes del alma»,[74] nos habla de las fases del miedo: prudencia, cautela, alarma, angustia, pánico y terror. En cada una de estas fases hay una sintomatología asociada, tanto objetiva como subjetiva. Cuando una persona es confrontada, el miedo es progresivo y pasa por esas fases descritas. Cuanto antes le pongamos fin, mejor nos sentiremos. No es infrecuente que una persona se derrumbe emocionalmente cuando confiesa que ha cometido un delito y, después, experimente una tranquilidad desconocida en el alma.

Veamos un caso típico. Cuando un miembro de la Comunidad manifiesta una actitud de soberbia y es confrontado por otro, puede que trate de desprestigiar a la persona que lo confronta. Esto es perjudicial para la restauración, pues no solo la impide, sino que, además, erradica la comunión con quien quiere ayudar.

En tercer lugar, practicar la meditación personal en la intimidad del hogar. El tiempo de quietud será necesario para reflexionar en aquellos elementos que han hecho vulnerable a la persona. Uno de los problemas que atravesamos en el día de hoy es la falta de tiempo para la meditación; las prisas nos empujan a actuar de forma automática, casi sin pensar. Este tiempo nos ha de permitir aprender para fortalecer nuestra alma en próximas ocasiones cuando la tentación vuelva a aparecer. Preguntas como qué, por qué, cómo, dónde..., nos permitirán profundizar en el autoconocimiento.

Muchas veces vemos en los evangelios que Jesús se alejaba del mundanal ruido y se iba al monte o al desierto; por ejemplo, cuando la multitud, después de ser alimentada, viene a buscar a Jesús para hacerle rey, *volvió a retirarse al monte él solo*

---

[74] Emilio Mira y López, *Los cuatro gigantes del alma* (Buenos Aires: El Ateneo, 1981), p. 46 y ss.

(Jn 6.15). Este acoso popular que sufrió Jesús, ¿sería una tentación para que evitara la cruz?

Ahora bien, no se trata solo de introspección, sino de meditar en la ley de Dios. El Salmo 119.23 dice: *Príncipes también se sentaron y hablaron contra mí; más tu siervo meditaba en tus estatutos.* La meditación en la Palabra de Dios será el alimento necesario y fuente de inspiración para conocer mejor nuestra condición humana y aprender más de los caminos de nuestro Dios. Al meditar, nos fortalecemos en confianza. El salmista, en momentos de angustia y desolación dice: *me acordé de los días antiguos; meditaba en todas tus obras; reflexionaba en las obras de tus manos* (Sal 143.5). Es posible que al leer no detectemos nada especial y parezca que nuestro corazón está seco; no importa, la disciplina en la meditación permeabilizará nuestro espíritu y lo preparará para escuchar al Señor. Es evidente que no estamos abogando por la ociosidad, que es mala compañera para la persona que ha caído, sino por la quietud, la meditación y la oración.

En cuarto lugar, buscar el apoyo de la familia. Cuando todo se derrumba y los amigos se esfuman, queda la familia. Es triste, pero real. La verdadera prueba de la amistad es observar si hay permanencia cuando las cosas van mal, incluso, cuando uno falla y cae. Esto puede representar una experiencia amarga. Jesús se encontró solo cuando le prendieron; todos le abandonaron por miedo, y él no cometió pecado. Afortunadamente, en momentos difíciles, la familia está ahí y es capaz de perdonar cualquier falta. Esto no significa que la familia acepta todo lo que un miembro haga, sino que acepta a la persona aunque rechace su comportamiento. Esto es sumamente importante, pues ayudará a encontrar un ambiente favorable para la recuperación espiritual de la persona.

He conocido algunas familias que han rechazado hijos o hermanos por el hecho de haber caído o por haber desarrollado ciertas conductas que no correspondían al estereotipo impuesto por el cabeza de familia. Es evidente que estas actitudes son tan pecaminosas como las que pueda haber desarrollado la persona que ha caído. Por ello, el Consejo Pastoral tendrá que educar a la Comunidad Cristiana para que la familia sea el soporte imprescindible en el proceso de recuperación espiritual y que no opte por el rechazo, sino por la aceptación personal. Esto es una medida de amor.

En alguna ocasión, mis hijas me han preguntado qué haría yo si me enterara que han hecho algo que no está bien. No es una pregunta sencilla para ellas y la respuesta tampoco lo es. Después de medir cada una de mis palabras, he dado a entender que me entristecería si hicieran algo que no deben, pero que siempre estaré a su lado para ayudarlas en lo que sea necesario. Esto permite generar un clima de confianza y, a la vez, de responsabilidad tanto para ellas como para mí.

Imaginemos la experiencia de una familia que vive una tensión feroz porque uno de sus miembros es toxicómano (ya sea heroína, cocaína, alcohol...). La confrontación se torna ineficaz; el amor todo lo puede. Es evidente que amar a una persona que tiene problemas con la cocaína no tiene nada que ver con darle lo que pide; el mejor soporte es persuadirle de la necesidad que tiene de ayuda. Amarle como persona, a pesar de que su vida está totalmente destruida, le causará una honda impresión. No pretendo simplificar las cosas. Sencillamente trato de ilustrar la importancia del amor en el entorno de una familia. Esposa, esposo, hijos, padres, hermanos..., todos tienen que jugar un papel importante para que la persona se sienta amada y, a la vez, que su actitud y conducta sean rechazadas. Esto no siempre es fácil. Amar significa, aquí, estar cerca, abrir el corazón, extender las manos, abrazar...

El mejor refugio para la persona que ha caído será la familia. Si la ha descuidado, será conveniente que la recupere; si la ha cultivado, sabrá refugiarse entre sus muros.

En quinto lugar confesar el pecado cometido con arrepentimiento. La confesión es requisito imprescindible para la restauración. Sin confesión no hay perdón y sin perdón no hay recuperación posible. Es cierto que Dios perdona todos nuestros pecados, incluso aquellos de los que no nos damos cuenta y, por lo tanto, no podemos confesar; no obstante, esto representaría la excepción a la regla.

Santiago dice en su carta: *Confesaos vuestras ofensas unos a otros, y orad unos por otros, para que seáis sanados* (Stg 5.16). Para vivir en paz con uno mismo y con los demás tendremos que practicar la confesión mutua.

Una vez más tendremos que insistir en que el miedo o la vergüenza nos pueden paralizar, y que es conveniente o prudente no hacer público lo que no ha trascendido. Ahora bien, la confesión tiene una doble dimensión: divina y humana. Ante Dios tenemos que confesar todas nuestras faltas y esperar anhelantes su perdón y misericordia. Ante los hombres, hemos de confesar en una doble vertiente. Si la falta no ha trascendido, hemos de confesar a aquellos a los que hemos ofendido; si la falta se ha hecho pública, la confesión ha de ser pública.

Por otro lado, si la falta la ha cometido una persona, la confesión ha de ser personal; si la falta la ha cometido la Comunidad, la confesión ha de ser comunitaria. ¿Qué quiero decir con esto? ¡Cuántos ejemplos tenemos en la Escritura de la vinculación que existe entre los pecados de unos y la asunción de otros! Miremos la oración de Daniel: *Y oré a Jehová mi Dios e hice confesión... hemos pecado, hemos cometido iniquidad, hemos hecho impíamente, y hemos sido rebeldes...* (Dn 9.4-5); recordemos que Daniel tenía un testimonio íntegro. Y qué decir de la oración de Nehemías: *y confieso los pecados de los hijos de Israel que hemos cometido contra ti; sí, yo y la casa de mi padre hemos pecado. En extremo nos hemos corrompido contra ti...* (Neh 1.6-7). La confesión personal ayuda a sanar a aquel que ha caído y la confesión comunitaria favorece la sanidad de la iglesia.

Ahora bien, indicábamos antes como principio rector en el proceso de restauración que la confesión ha de ser con arrepentimiento. La Escritura da a entender la importancia de la evidencia del arrepentimiento, lo cual implica más que palabras; el evangelio dice: *Haced, pues, frutos dignos de arrepentimiento* (Lc 3.8; Mt 3.8). El arrepentimiento (μετανοέω) tiene que ver con un cambio en la manera de pensar que lleva a la persona a cambiar su conducta. Por ello, la persona que ha caído ha de confesar su pecado a quien corresponda y demostrar claramente su arrepentimiento a través de la conducta. Si no existen estos dos elementos integrados, el proceso de recuperación no será posible. El arrepentimiento tiene, pues, que evidenciarse y eso lleva tiempo.

En sexto lugar, desarrollar una vida de oración para buscar la guía del Señor. El apóstol Pedro exhorta: *El fin de todas las cosas se acerca; sed, pues, sobrios y velad en oración* (1 P 4.7). Relacionado con la confesión mutua hemos mencionado más arriba el texto de Santiago 5.16 que termina diciendo: *la oración eficaz del justo puede mucho*. El verso 15 habla de la oración y la relaciona con el perdón de pecados.

Jesús, al enseñar a orar a sus discípulos, incluyó la confesión: *perdónanos nuestras deudas...* (Mt 6.12). Oscar Cullmann dice:

> *Al pedir que Dios nos perdone, estamos siempre en el ámbito o en el campo de fuerzas del Dios perdonador, a cuya esencia pertenece el perdón.*[75]

Y añade:

> *Creer en Dios es creer en el Dios perdonador. Debemos saber, por tanto, que nosotros mismos, cuando pedimos perdón, debemos perdonar, movidos por su perdón, a los que nos han ofendido, como debemos ejercitar el amor movidos por el amor de Dios.*[76]

---

[75] Oscar Cullmann, *La oración en el Nuevo Testamento* (Salamanca: Sígueme, 1999), p. 103.
[76] *Ibid.*, p. 104.

La petición siguiente en la oración modelo que Jesús enseñó a sus discípulos es: *Y no nos metas en tentación, mas líbranos del mal* (Mt 6.13). Algunos padres de la Iglesia interpretan estas palabras en el sentido de no dejar caer en la tentación.[77] En la misma línea están otros exegetas modernos. Cullmann entiende así la plegaria: *Presérvanos de la tentación*.[78] Y añade que el sentido no es primariamente *presérvanos de caer*, sino *presérvanos de ser tentados*.[79] Fiebig dice: *No nos pongas en situaciones donde, por nuestra debilidad, corramos peligro de sucumbir al mal*.[80]

Cullmann justifica esta interpretación basándose en la debilidad humana que nos hace caer. Por ello, es lícito pedir a Dios que nos aleje de los peligros que nos acechan. Esto parece bastante coherente. Por ello, me permito adoptar esta interpretación para indicar que la persona que ha caído ya conoce las consecuencias del pecado y podrá suplicar a Dios que no le permita ser tentado otra vez porque conoce su debilidad.

La Escritura nos enseña a orar sin cesar (1 Ts 5.17). Hablar con Dios implica abrir el corazón y derramar el espíritu delante de él; expresarle lo que pensamos, lo que sentimos, lo que deseamos; hablar con él de nuestras debilidades, de nuestros fracasos, también de nuestras ilusiones y anhelos... En definitiva, intimar con Dios. Ahora bien, la oración no es concebida solo como un monólogo, sino como un diálogo; de ahí, la necesidad del tiempo de quietud y meditación, para tratar de escuchar la voz de Dios en nuestro interior ya sea a partir de la lectura de un texto de la Palabra o de la contemplación de un hermoso paisaje o de la audición de una pieza musical...[81]

---

[77] Marción, Tertuliano, Agustín.
[78] Cullmann, p. 111.
[79] *Ibid.*, p. 112.
[80] Citado por Cullman, p. 113.
[81] Recomendamos el libro de Thomas H. Green, *Cuando el pozo se seca. La oración más allá de los comienzos* (Santander: Sal Térrea, 1999). El autor desarrolla el tema de la oración sirviéndose de la tradición mística y la enseñanza de Santa Teresa y San Juan de la Cruz.

La persona que ha caído ha de aprender a contar con Dios para cada momento de su vida, para cada decisión, para cada necesidad... Esta actitud ha de ser reaprendida de forma continuada, pues cuanto más tiempo oramos, mayores posibilidades le damos a Dios de modelarnos, de transformarnos.[82]

En séptimo lugar, escuchar a personas sabias y buscar modelos de conducta. Vivimos todo el tiempo rodeados de personas. La influencia que ejercemos unos sobre otros es continua e inevitable. Desde que nacemos estamos expuestos a innumerables estímulos que van ayudándonos a desarrollar nuestra personalidad. Al principio, la mayor influencia la ejercen los padres, posteriormente los amigos; con el tiempo vamos afianzando nuestra forma de ser y pensar y aprendemos a decidir por nosotros mismos. No obstante, seguimos expuestos a la influencia de los medios de comunicación, de los compañeros de trabajo, de los amigos, de los miembros de la Comunidad Cristiana... No toda la influencia que recibimos es positiva; en muchas ocasiones es nociva.

Todos necesitamos tener modelos a nuestro alrededor. Los niños necesitan a sus padres, los jóvenes observan a sus ídolos (deportistas, artistas, músicos, cantantes...), los adultos buscan puntos de referencia para orientarse... Los cristianos, también, necesitan disponer de orientadores. Es evidente que Jesús fue un modelo y hacia él tenemos que orientarnos; no obstante, en muchas ocasiones, le podemos considerar como un modelo distante, difícil de alcanzar, demasiado perfecto para nuestras debilidades...

El apóstol Pablo, consciente de esta característica psicológica, dijo: *Sed imitadores de mí, así como yo de Cristo* (1 Cor 11.1). En otro lugar, siendo conocedor de las influencias que recibimos y de las presiones a que estamos sometidos, dijo: *Hermanos, sed*

---

[82] Thomas H. Green, p. 65.

imitadores de mí, y mirad a los que así se conducen según el ejemplo que tenéis en nosotros (Flp 3.17). El apóstol Pablo les orienta a seguirle, pero sabiendo que no pueden verle físicamente, indica que se orienten según aquellos que se comportan como lo haría él. Puntos de referencia es lo que necesita el pueblo de Dios, personas cuya forma de ser y de vivir se asemeje a la del Maestro, Jesús de Nazaret.

Pero el apóstol va mas lejos al decir en el verso siguiente: *porque por ahí andan muchos, de los cuales os dije muchas veces..., que son enemigos de la cruz de Cristo..., cuyo dios es el vientre..., que solo piensan en lo terrenal* (Flp 18-19). Es decir, el creyente ha de distinguir entre aquellos que buscan la gloria de Dios y los que, llamándose cristianos, buscan su propia gloria o beneficio.

La persona que ha caído necesita buscar apoyos, orientación, modelos. El autor del libro de Proverbios dice: *El camino del necio es derecho en su opinión; más el que obedece al consejo es sabio* (Prov 12.15). Y más adelante: *La ley del sabio es manantial de vida* (Prov 13.14), *El que anda con sabios, sabio será* (Prov 13.20). Sería un buen ejercicio estudiar el libro de Proverbios y considerar cuáles son las características de la persona sabia. A partir de ahí, la persona que ha caído podría buscar hermanos que reflejen esas cualidades y apegarse a ellos.

En octavo lugar, perdonarse a uno mismo. Hay personas que viven atormentadas por su pasado. Han confesado muchas veces a Dios su pecado y todavía encuentran en su corazón razones para despreciarse. Estas personas van ahogando las esperanzas que les quedan y se hunden en sus propios pensamientos.

El problema no está tanto en Dios, ni en las Comunidades Cristianas, sino en su vida interior. Estas personas necesitan liberarse de la culpa. El Dr. Grounds habla de culpa morbosa, una culpa extrema e innecesaria.[83]

---

[83] Vernon Grounds, *El Evangelio y los problemas emocionales* (Terrassa: Clie, 1980), p. 109.

Ahora bien, es cierto que el pecado conlleva la experiencia de culpa y debe ser así para que haya verdadera restauración. No podemos minimizar la culpa, porque estaríamos reduciendo la importancia del pecado y, por consiguiente, la santidad de Dios y el alto precio de su perdón. Para que haya restauración, ha de haber perdón y, por lo tanto, culpa. El perdón de Dios no es un perdón barato; se fundamenta en su gracia y misericordia a partir de la obra de su hijo Jesucristo muriendo en la cruz, ocupando nuestro lugar. Así, la culpa ha de ser experimentada en toda su crudeza, pero no con el fin de humillar a la persona, sino con el propósito de recuperarla para la gloria de Dios. El sentimiento de culpa evidencia la existencia de la conciencia, que es personal y también social. Todo el mundo acepta que está mal robar, asesinar...[84] Es una ley universal.

El problema surge cuando, al cabo del tiempo, con el paso de los años, la persona no se ha perdonado a sí misma. Entonces, la culpa se ha hecho desproporcionada, tiránica, dañina. Ya no cumple su propósito de censurar la mala conducta; ahora, ha llegado demasiado lejos, y la persona ha de aprender a liberarse de semejante enemigo. La oración, la meditación de la Palabra de Dios, la orientación pastoral, la aceptación de la Comunidad Cristiana con manifestaciones claras de amor y, en algunos casos, el tratamiento psicológico, serán las ayudas necesarias para superar este problema. El planteamiento es: *Si Dios me ha perdonado, por qué tengo dificultades en perdonarme.*

En noveno lugar, reparar el daño causado. Este es uno de los aspectos más importantes en el proceso de restauración, porque es una de las más fuertes evidencias de que la persona

---

[84] El apóstol Pablo hace referencia a la conciencia en Romanos 2.14-15: *Porque cuando los gentiles que no tienen ley, hacen por naturaleza lo que es de la ley, estos, aunque no tengan ley, son ley para sí mismos, mostrando la obra de la ley escrita en sus corazones, dando testimonio su conciencia....*

está arrepentida y ha confesado sinceramente su pecado. Todo ello tiene que ver con el deseo de reparar el daño causado.

Es cierto que, en muchas ocasiones, el mal no tiene remedio; no hay forma de reparar lo que se ha hecho (por ejemplo, el homicidio o, para no poner un caso tan extremo, una agresión). Lo que cuenta en estos casos es la intención y la voluntad de reparar. Pero, otras veces, sí se puede hacer algo que evidencie el arrepentimiento. Veamos algunos ejemplos.

Imaginemos que una persona es sorprendida en la falta de la mentira. El arrepentimiento ha de ir de la mano de la restitución; en este caso, la mejor evidencia de arrepentimiento se manifiesta cuando la persona que ha caído decide confesar su pecado y pide perdón a la persona ofendida, diciéndole la verdad.

Veamos otro ejemplo. Imaginemos que hay un miembro de la iglesia que al contabilizar la ofrenda sustrae alguna cantidad; al ser sorprendido en esa falta, decide pedir perdón, pero no devuelve lo que ha robado. Ese arrepentimiento no es válido. La confesión ha de ir acompañada de la restitución del daño causado bajo la perspectiva de cuánto tiempo lleva haciéndolo y cuánto dinero ha sustraído. El sentimiento de culpa no vendrá solamente por la respuesta emocional de la vergüenza de haber sido sorprendido, sino por la convicción de haber hecho algo indebido y que deshonra a Dios. La vergüenza le puede llevar, nuevamente, al engaño, la convicción de pecado le conducirá al arrepentimiento y este a la restitución.

Imaginemos que un miembro de la iglesia manifiesta una explosión de ira en una reunión administrativa de la iglesia. Esa persona tiene que restaurar el daño que ha causado a los demás miembros de la Comunidad. ¿Cómo puede hacerlo? Evidentemente, pedirá perdón públicamente en la primera oportunidad que tenga; además, puede decidir no intervenir en las siguientes reuniones como medida de autodisciplina…

En definitiva, mostrar evidencias de que se ha arrepentido verdaderamente.

La restitución, como la confesión y la solicitud del perdón, es un hecho voluntario; nunca se puede hacer por exigencia de otro. La restitución sí que puede ser una exigencia de Dios,[85] pero nunca del ofendido. La responsabilidad del ofensor es pedir perdón. La responsabilidad del ofendido es perdonar cuando se le solicita, y dejar que la persona, libremente y delante de Dios, restituya el mal causado.

Principios y fundamentos para la Comunidad Cristiana

En primer lugar, practicar el perdón. El apóstol Pablo, siguiendo los pasos del Maestro, enseñó: *Perdonándoos unos a otros* (Ef 4.32; Col 3.13). El punto de comparación está en que *de la manera que Cristo os perdonó, así también hacedlo vosotros*. Esto nos lleva a considerar cómo ha sido el perdón de Dios.

El perdón está condicionado al hecho de la confesión. En el Antiguo Testamento, la persona debía presentarse ante el sacerdote y reconocer su falta. El judío que se presentaba delante del sacerdote no interpretaba este hecho como que la culpa era quitada, sino que era traspasada, por medio de la expiación, a un animal (en el sacrificio). Para ello, evidentemente, tenía que haber confesión.

Cuando Nehemías está orando (capítulo 9) hace memoria de la historia de Israel, y expresa que el pueblo, después de involucrarse en el pecado, volvía a Dios y clamaba a Él, y eran escuchados (Neh 9.27-31). Además, el arrepentimiento y la

---

[85] Éxodo 22.3; Levítico 5.16; 6.5; 24.18, 21 (שלם, *shlm*, "restituir, compensar", palabra de la misma raíz que "*shalom*", paz); Levítico 6.4; Números 5.7; Ezequiel 33.15 (שוב, *shub*, "restituir", de la misma raíz que "volver, convertir").

confesión (volver a Dios) representaban la condición para recibir los beneficios del Pacto hecho con Dios.

En la comunidad de Qumrán, el perdón no estaba vinculado a ritos de expiación sangrientos, sino que recibía el perdón aquel que reconocía sus falsos caminos y se volvía a Dios con humildad y espíritu de justicia. El que no da un auténtico viraje, sino que sigue aferrado a Satán, se excluye a sí mismo del perdón y, por tanto, de la nueva alianza.[86]

En el Nuevo Testamento, el panorama es el mismo. La sangre de Cristo limpia de todo pecado. Se presupone que la persona se acerca a Dios con espíritu de confesión. Baste citar 1 Juan 1.9 en la dinámica de la vida cristiana.

Dios nos ha perdonado en Cristo. Así hemos de perdonar nosotros a los demás. Además, esto es lo que se enseña en la oración modelo: Mateo 6.12-15. En este pasaje se pide a Dios que nos perdone como nosotros también perdonamos. La palabra usada en el v. 12 para deudas es ὀφείλημα; la palabra usada para perdonamos es ἀφήκαμεν (pasado); y la palabra usada para deudores es ὀφειλέτης. La palabra perdonar se usa para el perdón de pecados, de deudas, de otorgar liberación, de remisión... La palabra deudas y deudor significa aquello que es de obligado cumplimiento; principalmente se usa de dinero. En este sentido Jesús enseña a orar que Dios perdone lo que le debemos como nosotros también hemos perdonado lo que otros nos deben (sea cual sea el tipo de ofensa cometida o deuda).

Más allá del perdón condicionado a la confesión, la Escritura nos orienta hacia la generosidad. Cuando éramos enemigos de Dios, él tomó la iniciativa para acercarse a nosotros y ayudarnos en nuestra necesidad (Ro 5.8-10). Es decir, el hermano que peca contra mí tiene la responsabilidad de confesar su pecado; yo tengo la de perdonarle.

---

[86] H. Vorländer, Perdón, *Diccionario teológico del Nuevo Testamento*, III:341-342.

El texto de Colosenses 3.13 mencionado anteriormente es muy elocuente. La palabra usada para el perdón de Cristo es χαρίζομαι, cuya raíz tiene que ver con la gracia, de forma inmerecida. Así debemos perdonar nosotros, también, por gracia.

En resumen, la Comunidad Cristiana tiene la responsabilidad de perdonar al que ha cometido la ofensa cuando esta ha sido confesada, pero debe ir más allá mostrando generosidad y gracia para con todos.

En segundo lugar, buscar la reconciliación. Esta ha sido nuestra experiencia con Dios. Notemos los siguientes textos.

Romanos 5.8, 10: *Más Dios muestra su amor para con nosotros, en que siendo aún pecadores, Cristo murió por nosotros... Porque si siendo enemigos, fuimos reconciliados con Dios por la sangre de su Hijo, mucho más, estando reconciliados, seremos salvos por su vida.*

2 Corintios 5.17 y ss.: *De modo que si alguno está en Cristo, nueva criatura es; las cosas viejas pasaron; he aquí todas son hechas nuevas. Y todo esto proviene de Dios, quien nos reconcilió consigo mismo por Cristo, y nos dio el ministerio de la reconciliación; que Dios estaba en Cristo reconciliando consigo al mundo, no tomándoles en cuenta a los hombres sus pecados, y nos encargó a nosotros la palabra de la reconciliación.*

Estos textos nos muestran la intención que Dios tiene de buscar y conseguir la reconciliación. La palabra reconciliación (καταλλάσσω) primariamente significaba cambiar, intercambiar (especialmente dinero); de ahí, se usa de personas, para cambiar de enemistad a amistad (reconciliar). Esta palabra se usa para el matrimonio en 1 Corintios 7.11: *... y si se separa, quédese sin casar, o reconcíliese con su marido.* La idea aquí es la de restaurar una relación rota, es decir, una separación matrimonial.

En Mateo 5.23-24: *te acuerdas que tu hermano tiene algo contra ti, deja allí tu ofrenda delante del altar, y anda, reconcíliate (διαλλάσσομαι) primero con tu hermano, y entonces ven y presenta tu ofrenda*. Esta palabra significa hacer concesiones mutuas, lo que implica que la reconciliación es cosa de dos. La idea queda reflejada en el verso 25: *ponte de acuerdo con tu adversario*.

Además, este concepto es lo que Jesús enseña al hablar de la restauración en Mateo 18: la meta es ganar al hermano. Esto es otra forma de hablar de reconciliación. Hablaremos de este pasaje más adelante.

En resumen, la Comunidad Cristiana ha de enfocar la restauración buscando la forma de reconciliar a la persona que ha caído con Dios, consigo mismo y con la iglesia.

En tercer lugar, construir una iglesia acogedora. Se trata de encontrar el equilibrio necesario entre la disciplina que ha de existir ante el pecado y el amor capaz de recuperar a una persona que ha caído.

El clima existente en una iglesia permite concluir si es capaz de acoger a las personas que caen o, sencillamente, las mantiene a distancia con el fin de no contaminar a los demás.

Una iglesia acogedora es una Comunidad abierta a los pecadores, una especie de hospital de día al que acuden personas con grandes necesidades, donde no se rechaza a nadie por el color de su piel, el estado de su cuenta bancaria o la gravedad de sus actitudes y conductas. Jesús de Nazaret se presenta como paradigma al hacerse seguir de publicanos y pecadores, gente de reputación dudosa a la que se había apartado de la comunidad judía; pero Jesús, lejos de alinearse con los partidos de la época, revoluciona el mundo religioso al juntarse con semejante calaña. Incluso uno de sus seguidores más cercanos era ladrón (sustraía de la bolsa, Jn 12.6) y, más tarde, le entregó. Esto lo sabía Jesús, pero permitió que continuara cerca de él, sin hacer distinción entre unos y otros, y a pesar de ello, custodiaba los recursos económicos de la comunidad de discípulos.

Jesús se rodeaba de este tipo de personas para enseñarles que hay un camino más excelente que conduce al Reino de los

Cielos, donde los valores son otros diferentes a los que imperan en la sociedad. El Maestro enseñó a los pecadores la necesidad del arrepentimiento y la conversión y lo hizo configurando una Comunidad de Seguidores que practicaba la igualdad y acogía a los descarriados. En nuestros días los tildaríamos de necios, pero no lo eran.

Necesitamos desarrollar iglesias acogedoras; es decir, comunidades que sepan abrir las puertas a los pecadores, superando prejuicios. Solo así estaremos en condiciones de configurar una sociedad alternativa a la existente, donde la religiosidad no es lo que prima, sino la vivencia del evangelio tal como Jesús nos lo transmitió; una Comunidad en la que el perdón abre el camino a la verdadera comunión y, por lo tanto, a la restauración.

En cuarto lugar, evitar el juicio sin misericordia. La iglesia que desee convertirse en una Comunidad Restauradora tendrá que ir por el camino de la misericordia, no por el del juicio. Jesús enseñó: *No juzguéis, y no seréis juzgados; no condenéis, y no seréis condenados; perdonad y seréis perdonados* (Lc 6.37). El mensaje es claro; la responsabilidad es inmensa. Santiago nos recuerda: *¿quién eres para que juzgues a otro?* (Stg 4.12).

Lo que la Escritura nos enseña es que hay un Juez que juzgará con justicia a toda la humanidad (2 Tm 4.8; Heb 12.23); nuestra tarea consiste en dejar la justicia a Dios mientras nosotros desarrollamos obras de misericordia. Hebreos 10.30 dice: *Mía es la venganza, yo daré el pago, dice el Señor. Y otra vez: El Señor juzgará a su pueblo*. El apóstol Pablo establece un contraste entre la venganza y la misericordia: *Mía es la venganza, yo pagaré, dice el Señor. Así que, si tu enemigo tuviere hambre, dale de comer...* (Ro 12.19-20)

El Consejo Pastoral tiene la responsabilidad de elegir esta senda y enseñar este camino a la Comunidad Cristiana. Es fácil que la iglesia opte por el juicio hacia el hermano que ha caído; normalmente esto está motivado por la indignación. De manera especial, cuanto más alto haya estado una persona en el seno de la Comunidad Cristiana, mayor será su responsabilidad cuando cae; eso es evidente. Pero eso no autoriza el juicio sin misericordia, ni el rechazo, ni la venganza. Cuando una persona que ha ejercido el ministerio pastoral o que ha desarrollado la labor de enseñanza en la iglesia cae, ha de ser prioritaria su recuperación espiritual.

Con tristeza escuché a un buen amigo mío una frase que marca la realidad de la espiritualidad de occidente. Decía algo así: *El ejército cristiano es el único que remata a sus soldados cuando caen*. Esto no refleja el espíritu de Jesús y deshonra a Dios tanto como el pecado que una persona haya podido cometer. Por eso, insistimos en el siguiente principio.

En quinto lugar, integrar y aceptar, no separar a los que han caído.

Cuando un miembro de la Comunidad cae, los demás no deben darle la espalda; no importa el pecado cometido. Si los que no han caído no tratan de ayudarle, ¿cómo se va a levantar solo?

La Iglesia, seguidora de Jesús, ha de aprender a no separar a los que caen, sino a integrarlos en la Comunidad de Discípulos. Para que un ascua que se ha apartado del fuego y está perdiendo su calor vuelva a recuperarlo, no podemos apartarla más, sino que hay que acercarla al centro de la llama, donde el calor es más intenso; ahí recuperará su vigor. De la misma forma, un creyente que se ha enfriado, que ha caído, necesita el calor de la iglesia, el vigor de la integración y no el frío de la separación.

Todo esto no significa huir de un proceso disciplinario que el Consejo Pastoral tendrá que establecer y consensuar. No me refiero a eso. Estoy hablando de que la persona que ha caído tiene que sentir que sigue formando parte de la Comunidad, a pesar de la disciplina que se ha impuesto como medida curativa. El pecador asumirá que hay cosas que ahora no puede hacer y seguirá el procedimiento acordado con el Consejo Pastoral, pero desde la integración en la Comunidad, nunca desde la exclusión.

Jesús integraba, los fariseos excluían. *Venid a mí todos los que estáis trabajados y cargados, y yo os haré descansar* (Mt 11.28). Se estaba refiriendo a todos aquellos que no podían llevar las cargas que los fariseos habían puesto en el pueblo; pautas de conducta que nadie podía cumplir, porque habían ido más allá de lo que la Ley de Dios exigía. Agobiados por la imposibilidad de seguir los dictados de los líderes religiosos, encuentran descanso en las palabras de Jesús, que les invita a seguirle, no sin exigencia y renuncia, pero en libertad y amor.

David Servan habla del amor como una necesidad biológica:

> *El contacto emocional es, para los mamíferos, una auténtica necesidad biológica, como los alimentos y el oxígeno. Algo que la ciencia ha redescubierto sin saberlo.*[87]

Presenta varios estudios que corroboran esta idea. Uno de ellos presenta la evidencia de que, en ausencia de contacto físico, las células del organismo de los ratones dejan de desarrollarse; es decir, dejan de producirse las enzimas responsables del crecimiento. Sin embargo, si se acaricia la espalda de los ratoncitos mediante un pincel que simule los lamidos de la lengua, se reinicia la producción de enzimas y, por lo tanto, el crecimiento.[88]

Servan también menciona el caso de los bebés prematuros en incubadoras herméticas. A pesar de disponer de las condiciones más óptimas para el crecimiento, no se producía desarrollo. Sin embargo, se descubrió que unos bebés crecían y no

---

[87] Servan, p. 182.
[88] Servan, p. 184.

había explicación para ello, hasta que descubrieron que una enfermera del turno de noche, cuando lloraban, les acariciaba la espalda para calmar su llanto.[89]

La relación que mantenemos con los demás nos afecta a un nivel que, en muchas ocasiones, ni siquiera sospechamos. Por ello, Dios ha dejado la Iglesia para que sea un organismo vivo capaz de dar vida, de mostrar amor, cariño, afecto en las relaciones interpersonales. Es triste pensar que esto no representa la experiencia de muchos creyentes que se sienten juzgados, señalados, segregados. La misión de la Iglesia tiene que ver con integrar, no con separar. Las sendas que Dios nos ha dejado tienen que ver con el amor, no con el rechazo. Al expresar afecto hacia los que caen estaremos permitiendo que el Espíritu Santo haga su obra a través de nosotros y la persona caída podrá ser restaurada de una manera íntegra. A eso estamos llamados.

En sexto lugar, eliminar la murmuración y el chismorreo. Santiago nos lo indica claramente cuando dice: *Hermanos, no murmuréis los unos de los otros. El que murmura del hermano y juzga a su hermano, murmura de la ley y juzga a la ley* (Stg 4.11). Notemos cómo se relaciona aquí la murmuración con el juicio. Cada vez que hay murmuración hay un juicio implícito.

La murmuración está puesta al lado de otros pecados en la enseñanza paulina: *envidias, iras, divisiones…, murmuraciones, soberbias…* (2 Cor 12.20); *Estando atestados de toda injusticia, fornicación, perversidad, avaricia, maldad; llenos de envidia, homicidios, contiendas, engaños y malignidades; murmuradores, detractores…* (Ro 1.29-30). Sin embargo, no le damos la importancia que tiene. Parece como si este pecado no fuera tan dañino como los demás.

---

[89] *Ibid.*

El chismorreo está relacionado con la ociosidad. Cuando una iglesia está activa, es dinámica y desarrolla un proyecto de avance y crecimiento, no hay tiempo para la murmuración o el chismorreo. Esto permitirá calibrar la talla espiritual de una Comunidad. Ahora bien, una iglesia que puntúa muy alto en murmuración y chismorreo es posible que no disponga de un programa de desarrollo espiritual, por lo que ha devenido en carnalidad. Pablo, hablando del testimonio de las viudas dice: *aprenden a ser ociosas, andando de casa en casa; y no solamente ociosas, sino también chismosas y entremetidas, hablando lo que no debieran* (1 Tm 5.13).

El autor del libro de Proverbios nos previene cuando dice: *Sin leña se apaga el fuego, y donde no hay chismoso, cesa la contienda* (Prov 26.20).

Por ello, una Comunidad Restauradora no vivirá de la murmuración y el chismorreo, sino del amor al prójimo. El chisme genera distancia y puede terminar en el aborrecimiento (Prov 16.28: *El chismoso aparta a los mejores amigos*; 17.9: *El que cubre la falta busca amistad; mas el que la divulga, aparta al amigo*); por ello, la Torá advierte: *No andarás chismeando entre tu pueblo… No aborrecerás a tu hermano en tu corazón; razonarás con tu prójimo, para que no participes de su pecado* (Lev 19.16).

En séptimo lugar, desarrollar una vida de oración por los que han tropezado. La oración de los unos por los otros es una de las prácticas más saludables en el seno de la iglesia; de forma especial, cuando se trata de una Comunidad Restauradora.

Poco antes de ser entregado, Jesús compartió una de las últimas lecciones a sus discípulos. Estaba agonizando en el huerto y solicitó el apoyo de sus amigos en oración y les dijo: *Velad y orad, para que no entréis en tentación; el espíritu a la verdad está dispuesto, pero la carne es débil* (Mt 26.41). La oración es una medida preventiva contra la tentación y permite preparar el espíritu para no caer ante las presiones de la carne. Esto quiere decir que una Comunidad dada a la oración tendrá mucho que ganar en el avance del Reino de los Cielos.

El apóstol Pablo solicitó a los creyentes de Éfeso: *Que me ayudéis orando por mí a Dios* (Ef 6.18). La oración expresa dependencia del Señor; mediante ella solicitamos el favor de Dios para con nosotros mismos y para con nuestros hermanos.

De forma especial, la persona que ha caído necesita que la iglesia ore fervientemente para que su recuperación espiritual sea pronta y provechosa. La iglesia que asume este reto es consciente de que nadie está exento de caer; por ello, velará en oración de una forma continuada, perseverante.

En octavo lugar, amar de la misma forma que Dios nos ha amado. La Comunidad Cristiana está llamada a reflejar en su vivencia cotidiana el amor de Dios que va más allá de las palabras y se centra en los hechos. Por ello, tendremos que preguntarnos sobre la naturaleza del amor de Dios: ¿cómo nos ha amado nuestro Salvador?

El amor de Dios es dinámico, no estático. Actúa, se demuestra, es manifiesto explícitamente. Dios amó al mundo y le llevó a hacer algo por él. Normalmente he rehuido de frases evangélicas cargadas de religiosidad y aparente piedad; seguramente habremos oído muchas veces a creyentes que han dicho «Te amo en el Señor», pero nunca hemos comido con ellos, ni hemos compartido nuestras cargas con ellos y, por supuesto, no han estado a nuestro lado cuando ha habido problemas. El amor de Dios no es así; no tiene que ver con palabras, sino con hechos; no es filosofía o contemplación, es acción. 1 Juan 4.10: *En esto consiste el amor: no en que nosotros hayamos amado a Dios, sino en que él nos amó a nosotros, y envió a su hijo en propiciación por nuestros pecados*; es decir, el verdadero amor va más allá de las bellas expresiones. Este texto nos hace considerar un segundo aspecto del amor de Dios.

El amor de Dios es sacrificial. El apóstol Juan captó muy bien la dimensión del amor de Dios; además del texto mencionado en el párrafo anterior nos deleitamos en aquellas palabras del evangelio que dicen: *Porque de tal manera amó Dios al mundo, que ha dado a su Hijo unigénito, para que todo aquel que en él cree, no se pierda, más tenga vida eterna* (Jn 3.16). El apóstol Pablo también conoció semejante amor de Dios cuando dice *el cual me amó y se entregó a sí mismo por mí* (Gal 2.20; Ef 5.2). El amor de Dios tiene que ver con sacrificio, con entrega, con renuncia.

El amor de Dios es incondicional e inmerecido. El apóstol Juan, cuando tuvo aquella visión sobre la revelación de Jesucristo, se refirió *al que nos amó, y nos lavó de nuestros pecados con su sangre* (Ap 1.5). La palabra usada para amar, como tantas veces se usa en el Nuevo Testamento es ἀγαπάω, que se refiere al amor a pesar de; de ahí su incondicionalidad. Dios ama no porque haya visto algo digno en nosotros, sino porque así lo ha decidido.

Además, la Escritura nos enseña: *Amarás a tu prójimo como a ti mismo* (Ro 13.9), e indica que la ley de Dios se resume en esa sentencia. De la misma forma que nos amamos a nosotros mismos, hemos de amar a nuestro prójimo, ni más, ni menos.

El amor de Dios genera confianza, no temor. El apóstol Juan, avezado en el tema que nos ocupa, dice: *En el amor no hay temor, sino que el perfecto amor echa fuera el temor* (1 Jn 4.18). El amor de Dios genera confianza, porque es un amor perdonador, lleno de misericordia, compasivo, comprensivo, justo. Por eso, el temor se esfuma en su presencia.

Así ha de ser el amor de la Comunidad hacia aquellos que han caído. Un amor que no está fundamentado en las palabras, sino inspirado en el amor de Dios hacia sus hijos. Por eso, cuando un hermano cae, los que verdaderamente han experimentado el amor de Dios, son capaces de amar de una forma sacrificial, con entrega; además, ese amor es incondicional, sin importar la dimensión del pecado cometido. Solo ese amor es capaz de ahuyentar el temor cuando las tinieblas se han apoderado de una persona y permite transformar dicho temor en confianza y esperanza.

Un ejemplo bastaría para clarificar la esencia del amor que Dios espera de sus hijos y que lo vemos a diario en nuestra experiencia cotidiana. Pensemos cómo nos amamos en el seno de nuestra propia familia: hijos, padres, hermanos… No importa lo que unos y otros hagan, el amor que tenemos unos por otros nos impulsa a que las ofensas no sean tenidas en cuenta y nos permite vivir de manera armoniosa. No significa ausencia de conflictos, sino superación de los mismos; por eso, *el amor todo lo soporta* (1 Cor 13.7). El amor que desarrollamos en el seno de nuestra familia es el que hemos recibido de Dios y el que tenemos que manifestar hacia aquellos que caen, víctimas del pecado.

La Comunidad Restauradora ha de proveer un espacio en el que el amor de los unos hacia los otros sea manifiestamente operativo, dinámico, vivo, de manera que, los que caen, tendrán puntos de referencia para reorientar su vida, guiada por verdaderos discípulos de Jesús, el Maestro.

CAPÍTULO 8

Metas de la restauración

Todas las conductas están orientadas hacia una meta. Para conseguir las metas nos proponemos objetivos, que son más asequibles, algo así como pasos intermedios que nos permiten llegar a lo que nos hemos propuesto inicialmente. Por ejemplo, nos levantamos por la mañana temprano para ir a trabajar (objetivo), nos aseamos y vestimos para tener una buena presencia (objetivo), nos alimentamos para tener energías suficientes en los quehaceres cotidianos, cumplimos con nuestra obligación para no perder el empleo (objetivo) y todo ello para ganar un salario que nos permita sostener a nuestra familia (meta), o conseguir una casa más espaciosa y confortable...

Todas las empresas funcionan a partir de metas, normalmente, la rentabilidad. Se trata de desarrollar la fórmula que maximice el beneficio con el mínimo coste. Los distintos departamentos existen para conseguir los objetivos y metas propuestos por el Consejo de Dirección de la empresa. Cada uno conoce su cometido; los gerentes saben hacia dónde quieren dirigir la empresa y en qué lugar desean estar en los siguientes años y para ello desarrollan estrategias de crecimiento y expansión.

Una iglesia que quiera desarrollarse tendrá metas y objetivos para evitar caer en la rutina, víctima de la tradición. La Comunidad que no tiene una meta, seguramente se perderá en la multitud de los senderos de la vida y desperdiciará la oportunidad de presentar a la sociedad una alternativa coherente y válida para enfocar la existencia, con unos valores de contraste.

Sería inimaginable concebir una nave en medio del océano que no tiene rumbo, que no tiene una meta, un destino. Será llevada de un lado a otro y lo más probable es que sucumba en medio de la tormenta. Así también, una Comunidad que no dispone de orientación, ni de objetivos específicos para su desarrollo, ni de metas concretas a las que aspirar, se irá apagando progresivamente, perdiendo su vitalidad y sentido, refugiándose en la ortodoxia y erradicando cualquier iniciativa de cambio y renovación; la tradición pesará más que la propia vida eclesial y terminará por apagar el espíritu.

En el proceso de restauración, también hemos de proponernos objetivos y metas, saber hacia dónde queremos ir; este es el tema que vamos a desarrollar a continuación. En los siguientes capítulos hablaremos del camino que tendremos que seguir para conseguir estas metas.

Primera meta de la restauración: la reconciliación

El Señor Jesús, en su discurso programático de inauguración del Reino de los Cielos, al presentar la dinámica relacional de los que pertenecen al pueblo de Dios indica: *Si traes tu ofrenda al altar, y allí te acuerdas de que tu hermano tiene algo contra ti, deja allí tu ofrenda delante del altar, y anda, reconcíliate primero con tu hermano, y entonces ven y presenta tu ofrenda*

(Mt 5.23-24). Es evidente que el texto no está hablando del pecado cometido por un hermano, pero la enseñanza general que prima en este texto es la de generar relaciones armoniosas en el seno de la Comunidad de discípulos y esto tiene que ver con la reconciliación. Lo mismo se desprende del texto clave en el proceso descrito en Mateo 18 que más adelante consideraremos (*Si tu hermano peca contra ti, ve y repréndele... has ganado a tu hermano*, v. 15).

Por otro lado, el fundamento sobre el que descansa nuestra relación con Dios tiene que ver con la reconciliación (Ro 5.11; 2 Cor 5.18-19) que él ha llevado a cabo. Por citar un texto más: *Y a vosotros también, que erais en otro tiempo extraños y enemigos en vuestra mente, haciendo malas obras, ahora os ha reconciliado en su cuerpo de carne, por medio de la muerte...* (Col 1.21-22). El sistema sacrificial definido en la Torá tenía como meta la reconciliación (Lv 19.22; 14.21, 29; 23.28; Nm 28.22; 29.5).

De la misma manera, si nosotros hemos experimentado realmente la gracia de Dios y hemos sido testigos de su misericordia siendo pecadores, ¿no será lógico buscar la reconciliación entre los creyentes de la Comunidad? ¿No será sensato trabajar por la recuperación espiritual de los que caen para que sean reconciliados con Dios y con los miembros de la iglesia? ¿No es esto lo que el Señor espera de nosotros? ¿No es esta la esencia del evangelio?

Segunda meta de la restauración: la comunión

Podríamos decir que la comunión es el efecto visible de la reconciliación. Los discípulos de Jesús, después de que el Espíritu Santo vino sobre ellos y predicaron el evangelio, según nos relata el doctor Lucas, *perseveraban en la doctrina de los apóstoles, en la comunión unos con otros, en el partimiento del pan y en las oraciones* (Hch 2.42). Este texto es muy importante, pues describe la vivencia de la Iglesia en sus orígenes; además, propongo que podemos establecer un ordenamiento práctico a partir de estas palabras; es más, no puede haber comunión verdadera si no hay doctrina de los apóstoles; y no puede haber verdadera memoria del sacrificio de Cristo (Partimiento del Pan) si no hay comunión entre los unos y los otros, y la oración carecerá de valor si no se desarrollan los aspectos anteriores de la vida de la iglesia.

Otra manera de ver el texto es desde un punto de vista sincrónico; es decir, todo ello se manifiesta de forma simultánea, lo cual es perfectamente legítimo y, posiblemente, válido. No obstante, insisto en la conveniencia de establecer un proceso que nos lleve a la madurez espiritual en la iglesia partiendo de la enseñanza de la Palabra de Dios, siguiendo por la comunión entre unos y otros, continuando por la memoria del sacrificio de Cristo en nuestro lugar y culminando con la vida de oración. Es más, me atrevería a decir que, si los primeros aspectos se viven de manera intensa en la Comunidad Cristiana, la vida de oración será más profunda, cobrará un nuevo sentido, no será la cenicienta de los cultos en la Iglesia del siglo XXI. Es decir, cuando la Iglesia se toma en serio la Palabra de Dios y se desarrolla una verdadera comunión entre unos y otros, lo demás es más fácil, más llevadero.

La palabra comunión (κοινωνία) está relacionada con el término común (κοινός), que se deriva etimológicamente de *com-yos* = el que va junto.[90]

La persona que ha caído ha de ser reconciliada con la Comunidad. La comunión de los creyentes permitirá que germine nuevamente el poder del Espíritu Santo en la vida de esa persona, víctima seducida por el pecado. La comunión, además, será una medida de protección. Podríamos ilustrarlo

---

[90] J. Schattenmann, Solidaridad, *Diccionario teológico del Nuevo Testamento*, IV: 229.

con los cuidados que una enfermera o un enfermero tienen hacia un paciente en el hospital; este se encuentra débil, desanimado, vulnerable, atormentado quizás; pero la labor que desarrollan los enfermeros y médicos le permite ir recobrando el aliento y ganando confianza para poder valerse por sí mismo; en definitiva, crean el caldo de cultivo necesario para la sanidad de la persona. De la misma forma, la comunión de los creyentes, el ir junto a, permitirá establecer vínculos poderosos que fortalecerán a la persona que ha caído; y no solo eso, sino que redundará en un crecimiento espectacular en el seno de la Comunidad de Discípulos. Por ello, *mejores son dos que uno..., porque si cayeren, el uno levantará a su compañero...* (Ecl 4.9-10).

Tercera meta de la restauración: la santidad

Participamos en la restauración de la persona buscando la reconciliación, promoviendo la comunión de unos con otros y todo ello enfocado hacia la santidad. Hay un énfasis muy importante en la Torá al decir: *Seréis santos, porque yo soy santo* (Lev 11.44, 45; 19.2).

La santidad tiene que ver con la limpieza de aquello que contamina; es decir, implica separación del pecado (2 Cor 7.1). El autor de Hebreos, consciente de la importancia de ello, exhortó: *Seguid la paz con todos, y la santidad, sin la cual nadie verá al Señor* (Heb 12.14).

Cuando alguien ha caído en el pecado, es difícil renunciar a él; ha entrado en una especie de corriente que le arrastra, con lo que su voluntad ha sido deteriorada, minada; casi lo podríamos comparar al efecto que tienen las toxicomanías. Pensemos lo que le cuesta a una persona que tiene el hábito de la mentira librarse de él; o lo que le cuesta a alguien que es irascible controlar su temperamento. ¿Qué lucha tendrá aquella persona que haya sido seducida por la pornografía en sus diferentes vertientes (teléfono, cine, revistas, espectáculos públicos...)? En todos los casos, la voluntad ha sido alterada; es como si la persona no pudiera controlar sus impulsos; es como querer controlar un tic nervioso, que al centrar la atención parece que está dominado, pero al dispersarla, vuelve a aparecer. Por ello, hemos de ejercer paciencia y comprensión; cuanto más tiempo se haya perseverado en el pecado, más difícil será salir de sus garras, pues lo habrá convertido en un hábito que conlleva satisfacción a corto plazo.[91]

La Comunidad Cristiana ha de proveer los medios necesarios para ayudar a la persona que ha caído en el camino de la santificación, teniendo en mente que es un proceso y una lucha que se libra día a día. Para un enfermo alcohólico solo cuentan las 24 horas que se tienen delante y se propone la meta de mantenerse sobrio durante ese tiempo; al día siguiente el mismo propósito... No les importa reconocer delante de otras personas, en sus sesiones de terapia, que son alcohólicos; eso forma parte de su rehabilitación; uno tras otro van compartiendo su propia experiencia, sus debilidades, sus temores, sus angustias, sus anhelos... Unos a otros se escuchan sabiendo que no son mejores, que son igual de débiles. Ese entorno es el que permite su recuperación. Ahora bien, ¿por qué no encontramos el ambiente necesario, dentro de la Comunidad Cristiana, para compartir nuestras cargas, nuestras caídas, nuestras debilidades..., de manera que potencie la oración de los unos hacia los otros y la ayuda mutua? No encontrar ese espacio hace que la hipocresía se vaya adueñando de nosotros y que el dar una imagen de santidad, de que todo va bien, sea la tónica general en los acontecimientos religiosos de nuestra época. El temor al rechazo, el qué dirán..., representan un

---

[91] Recordemos que el pecado produce placer y satisface ciertas carencias que hay en nuestra vida. Por supuesto se trata de una artimaña, una estrategia engañosa.

muro infranqueable para la verdadera comunión y no favorece la santidad.

La Comunidad Restauradora tiene como meta la santidad verdadera y huye de la imagen falsa de la apariencia. Por eso, en la Comunidad de Discípulos, los que caen son vistos como personas que han de recobrar su dignidad, como hermanos que necesitan ser socorridos, como miembros de la familia a los que hay que curar, y no como seres que hay que exterminar. Así, la santidad es factible, porque no se buscará, usando términos platónicos, la apariencia, sino la realidad; no las sombras, sino la luz.

Cuarta meta de la restauración: la libertad

El evangelio libera, mientras que el pecado esclaviza. Jesús dijo: *Todo aquel que hace pecado, esclavo es del pecado* (Jn 8.34); y un poco antes enseña: *Conoceréis la verdad, y la verdad os hará libres* (Jn 8.32).

Me atrevo a decir que lo que describen estos dos versos tiene que ver con un proceso; es decir, no se trata de cometer un pecado, sino de tener como práctica el pecado; eso es lo que esclaviza. Por lo tanto, en la medida en que el pecado se apodera de nosotros, nos va esclavizando de manera progresiva, lo que dificulta la liberación. Por eso, el proceso de libertad es dinámico; de manera que, en la medida en que vamos conociendo la verdad, vamos siendo más libres. La palabra usada para conocer en Juan 8.32 es γινώσκω, que implica un conocimiento adquirido a partir de la experiencia; es decir, no se trata tanto de saber o tener convicciones, sino de experimentar lo que se aprende. En la medida en que conocemos (experimentalmente) la verdad de Dios, nos vamos liberando de aquello que nos ata y oprime.

Esto ha de ser meta en todo aquel que ha nacido de nuevo. A partir del nuevo nacimiento iniciamos una nueva vida, en la que no estamos atenazados por el pecado, sino liberados por el Espíritu de Dios. Ahora bien, la lucha se perpetuará siempre, porque hay una pugna continua entre la carne y el Espíritu (Gal 5.17: *Porque el deseo de la carne es contra el Espíritu, y el del Espíritu es contra la carne; y estos se oponen entre sí, para que no hagáis lo que quisiereis*). Por eso se exhorta a velar y a orar para no entrar en tentación (Mt 26.41).

La Iglesia ha de ofrecer un marco de referencia de libertad, no un conjunto de normas legalistas impuestas. Se trata de configurar un espacio abierto, dialogante, tolerante, en el que las diferencias de opinión no se vean como amenazas, sino como instrumentos de crecimiento. Es ahí, en ese caldo de cultivo, donde se producirá la posibilidad de recuperación espiritual de la persona que cae. El enfoque no es *no hagas esto, no hagas aquello*, sino *haz esto y vivirás*; *Apártate del mal y haz el bien, y vivirás para siempre* (Sal 37.27). El libro de Proverbios dice: *Guarda mis mandamientos y vivirás* (4.4; 7.2).

La persona que ha caído ha de reaprender a vivir en libertad y eso es un proceso; por ello, en la medida en que vaya redescubriendo el valor de la Palabra, de la verdad de Dios, irá siendo libre. Es evidente que vivir en libertad genera una serie de peligros (de la libertad al libertinaje solo hay un paso), pero son menos amenazantes que aquellos que impone el dogmatismo y el legalismo, porque el camino que ofrece la libertad es abierto, transparente, diáfano y produce alegría, mientras que el que ofrece el legalismo está camuflado, es oscuro, opaco y produce temor.

Así, la persona que ha caído ha de ser ayudada a levantar la mirada y a caminar hacia la libertad, no hacia el legalismo. La Comunidad Cristiana ha de sostener al que ha caído en el empeño de apartarse del pecado que lo ha arrastrado y de acercarse a la libertad que Cristo ofrece, siendo guiado por el Espíritu de Dios, pues *donde está el Espíritu del Señor, allí hay libertad* (2 Cor 3.17).

El Consejo Pastoral, en medio de una sociedad carente de valores y en la que el libertinaje es defendido a ultranza, con el fin de proteger a los miembros de la iglesia, puede ser tentado a levantar empalizadas mediante normas y leyes ajenas al espíritu de la Palabra de Dios, normalmente prohibitivas o punitivas. En mi opinión, es un camino equivocado. Al final, las normas no producen crecimiento, ni madurez, sino dependencia. La persona que ha caído no se recupera a través de normas o imposiciones, sino enseñándole la senda de la libertad para que pueda caminar hacia ella, sin complejos, sin resistencias inútiles y con el apoyo de la Comunidad Restauradora. Ha de aprender a liberarse del pecado y de todo aquello que le puede oprimir.[92] La libertad es meta para todo hijo de Dios; de manera especial, para aquellos que han sucumbido a la tentación y han experimentado el dolor del pecado no solo en la vida personal, sino en la de aquellos que nos rodean.

Caminando hacia la libertad que Dios nos ofrece las heridas se curarán, porque la misericordia del Señor habrá llenado todo nuestro ser.

Quinta meta de la restauración: el equipamiento

La Comunidad Restauradora participa en el proceso de recuperación espiritual para proveer a la persona que ha caído de las herramientas necesarias con el fin de que pueda valerse por sí mismo.

Por lo tanto, el Consejo Pastoral tendrá que huir del paternalismo, que genera dependencia, y habrá de seguir la senda de la paternidad, que produce responsabilidad.

---

[92] Ya citamos, al hablar de la disciplina divina, el texto de Hebreos 12.1: *Por tanto, teniendo en derredor nuestro tan grande nube de testigos, despojémonos de todo peso y del pecado que nos asedia, y corramos con paciencia la carrera que tenemos por delante.*

Podemos ilustrar este concepto con las relaciones familiares. Los padres que aman a sus hijos los preparan para la vida, para que sepan orientarse en medio de la sociedad, para que aprendan a tomar sus decisiones de manera sabia. Esta línea de pensamiento genera responsabilidad, la contraria, inmadurez. Aquellos padres que deciden por sus hijos, sin permitirles la posibilidad de equivocarse, les estarán perjudicando; de los errores también se aprende. Esta es la diferencia entre paternalismo y paternidad.

Por lo tanto, la iglesia ha de preparar a las personas que han caído para que, de manera responsable, puedan recuperarse y valerse por sí mismas. Ya hemos considerado más arriba la idea de equipar a los cristianos (2 Tm 3.17). Hay otro texto fundamental en relación al desarrollo espiritual de los miembros de la iglesia y se relaciona con la responsabilidad de los líderes: *Y él mismo constituyó a unos, apóstoles; a otros, profetas; a otros, evangelistas; a otros, pastores y maestros, a fin de perfeccionar a los santos para la obra del ministerio, para la edificación del cuerpo de Cristo, hasta que todos lleguemos a la unidad de la fe y del conocimiento del Hijo de Dios, a un varón perfecto, a la medida de la estatura de la plenitud de Cristo; para que ya no seamos niños fluctuantes, llevados por doquiera de todo viento de doctrina, por estratagemas de hombres que para engañar emplean con astucia las artimañas del error, sino que siguiendo la verdad en amor, crezcamos en todo en aquel que es la cabeza, esto es, Cristo, de quien todo el cuerpo, bien concertado y unido entre sí por todas las coyunturas que se ayudan mutuamente, según la actividad propia de cada miembro, recibe su crecimiento para ir edificándose en amor* (Ef 4.11-16). Mucho se puede hablar sobre este texto, pero nos centraremos en algunas ideas significativas.

En primer lugar, la iglesia es un pueblo capacitado (v. 11). Dios es el que llama a personas para determinados ministerios, apóstoles, profetas...

En segundo lugar, la iglesia es un pueblo con un propósito (v. 12). Dios ha elegido a algunas personas con el fin de que puedan formar a otros creyentes para que cada uno desarrolle su labor.

La palabra usada para perfeccionar (καταρτισμος) significa literalmente preparar, equipar; se refiere al entrenamiento y la disciplina que una persona ha de desarrollar.

El texto dice que los líderes de la iglesia tienen la responsabilidad de entrenar a los creyentes para que sean ellos los que realicen la obra del ministerio. Esta obra del ministerio viene definida como la edificación del cuerpo de Cristo.

Pensemos en un ejemplo: la responsabilidad de un entrenador de fútbol no es jugar a fútbol, sino preparar al equipo para ganar. Los jugadores son los que tienen que realizar el partido y esforzarse para alcanzar la meta. Cada uno cumple con su función. Es posible que los jugadores no estén muy de acuerdo con las instrucciones o el sistema del entrenador, pero no es su responsabilidad. Lo que cuentan son los resultados.

De la misma forma, en la iglesia, las personas constituidas por Dios tienen que cumplir con su responsabilidad de entrenar, preparar al equipo para realizar el trabajo. No es competencia de los miembros valorar el sistema que se está empleando, sino realizar la tarea y el trabajo y esperar los resultados en el Señor. Evidentemente, la Comunidad tendrá que encontrar los medios necesarios para proteger a la iglesia y preservarla de abusos de poder, pero ese es otro tema.

En tercer lugar, la iglesia es un pueblo dirigido hacia una meta (vs. 13-14): ser como Jesús, y esto solo se puede conseguir desde la unidad, para lo que se necesita la fe y el conocimiento de Cristo.

En cuarto lugar, la iglesia es un pueblo con recursos (vs. 15-16). La actividad de cada miembro que coopera para la unidad mediante el amor.

En este ambiente, las personas que han caído tendrán recursos más que suficientes para salir del pozo y verán como la Comunidad Restauradora es capaz de ayudarles a superar las consecuencias nefastas del pecado en su propia vida y les proveerá de las herramientas necesarias para equiparlas con el fin de que puedan socorrer, posteriormente, a otros que van a tropezar en el camino. Es evidente que una iglesia que funciona así, glorifica al Señor.

Sexta meta de la restauración: la maduración

En el texto que hemos considerado en el punto anterior se habla de la meta última de todo creyente: *hasta que todos lleguemos a la unidad de la fe y del conocimiento del hijo de Dios, a un varón perfecto...* (Ef 4.13).

En este pasaje se nos habla de crecimiento, de madurez, de llegar a la estatura de la plenitud de Cristo, para que ya no seamos niños que se dejan arrastrar según las diversas corrientes.

Los ministerios de la iglesia han sido establecidos por Dios para ayudar a los creyentes a crecer espiritualmente. El texto nos da la clave para que se opere ese desarrollo: *siguiendo la verdad en amor* (v. 15), y esto está en contraposición con aquellos que influencian a los demás para engañarlos y *emplean con astucia las artimañas del error* (v. 14).

Ahora bien, ¿qué quiere decir seguir la verdad en amor? Tiene mucho que ver todo lo que hemos venido diciendo más arriba al referirnos a la verdad de Dios, su Palabra, el Verbo encarnado. Seguir la verdad no es otra cosa que seguir al Maestro; seguir la verdad tiene que ver con obedecer la Palabra de Dios; seguir la verdad tiene que ver con vivir de acuerdo a la esencia del evangelio de Jesús. De manera que, si una persona desea crecer espiritualmente, tendrá que seguir la verdad de Dios.

Y si una persona ha caído y desea levantarse para orientarse nuevamente en la vida, tendrá que seguir la verdad de Dios.

El texto de Pablo dice más: *siguiendo la verdad en amor* (ἀληθεύοντες δὲ ἐν ἀγάπῃ). El apóstol usa un participio presente para referirse a seguir la verdad, lo cual implica continuidad, constancia y añade en amor. Esto es muy importante, porque algunos, siguiendo la verdad, pueden convertirse en jueces inmisericordes que imponen cargas que nadie puede llevar; por eso, seguir la verdad, sí, pero en amor, de manera que no nos extralimitemos, apartándonos de la voluntad de Dios en el proceso de restauración de los que caen.

El amor del que aquí se habla es el amor incondicional, el amor a pesar de que ya hemos mencionado más arriba; es el amor de Dios que no merecemos, que se desborda, fundamentado en la gracia y la misericordia. Así, siguiendo la verdad en amor, podemos crecer y parecernos más y más a Jesús. De manera que las personas que caen pueden tener como meta la madurez espiritual, ser más semejantes a Jesús a pesar de sus tropiezos.

Pero todavía hay más. El verso 16 nos da otra clave para el crecimiento espiritual y tiene que ver con la labor que cada miembro de la Comunidad desarrolla: *…se ayudan mutuamente, según la actividad propia de cada miembro, recibe su crecimiento para ir edificándose en amor.* Cuando un hermano cae, los demás miembros se duelen con él y le ayudan; cada uno realiza una función protectora, preventiva o curativa, de manera que podrá seguir creciendo y ser edificado; y notemos que, otra vez, aparece la palabra clave: en amor. Imaginemos que estamos subiendo unas escaleras; calculamos mal la altura de un escalón, tropezamos, caemos y nos hacemos una herida en la rodilla. A nadie se le ocurriría cortar el pie, señalándolo como culpable de nuestro dolor, sino que centramos la atención en la parte dañada y hacemos todo lo posible para curarla. Todos los demás miembros del cuerpo están pendientes de la herida y la protegen. La Comunidad Cristiana no debería ser una excepción.

Séptima meta de la restauración: la gloria de Dios

Es evidente que una Comunidad que tiene como metas las mencionadas anteriormente no tendrá dificultades para alcanzar esta última: la gloria de Dios. Esto quiere decir que todo lo que haga la Comunidad Restauradora tendrá que ir enfocado a glorificar a Dios.

Hay una expresión que se repite en tres ocasiones en un pasaje de la Escritura que nos habla de los designios de Dios: Efesios 1.

Los primeros versos nos indican que hemos sido escogidos desde antes de la fundación del mundo y predestinados para ser adoptados como hijos de Dios (vs. 4-5) y añade: *para alabanza de la gloria de su gracia* (v. 6).

Los versos 7 y ss, nos hablan de la redención, del perdón de nuestros pecados y de la herencia recibida, por su gracia; y añade: *a fin de que seamos para alabanza de su gloria* (v. 12).

Los versos 13-14 nos hablan de que, a partir de oír el evangelio y creer, hemos sido sellados con el Espíritu Santo, que es las arras de nuestra herencia; y añade: *para alabanza de su gloria*.

El hecho de que en unos versos que están sintetizando toda la historia de la salvación se mencione que el propósito último de Dios al hacer esto es la alabanza de su gloria, es suficientemente importante para que planteemos que nuestra orientación eclesial tiene que ir hacia esa meta.

El apóstol Pablo, al escribir a los filipenses y hablar de manifestar más y más el amor para ser irreprensibles, llenos de frutos de justicia, termina diciendo: *para gloria y alabanza de Dios* (Flp 1.11). Una vez más, esta ha de ser la orientación de la iglesia cristiana.

De manera que la persona que ha caído ha de encontrar el camino que permita la gloria de Dios; no obstante, difícilmente lo puede hacer separado de la iglesia. Por eso, la Comunidad Restauradora, que tiene la responsabilidad de buscar la gloria de Dios, iluminará el camino a seguir y facilitará los medios necesarios y adecuados para que la persona pueda ser recuperada y equipada para el servicio al Señor. Aquí no caben los rencores, sino el perdón misericordioso, que sigue el ejemplo de nuestro Dios y Salvador.

CAPÍTULO 9

El proceso de restauración: generalidades

En este capítulo vamos a plantear algunos conceptos generales que podemos aplicar en el proceso de restauración de la persona, que son los mismos que observamos en el de la restauración del pueblo de Dios.

Para ello vamos a centrar la atención en algunos textos del libro de Nehemías. La situación no era muy halagüeña, pues el pueblo de Dios había sido llevado cautivo a Babilonia en el siglo VI a.C. Con el paso del tiempo, algunos cautivos recibieron permiso para volver a Palestina y decidieron efectuar una restauración de la muralla y de las casas que estaban destruidas. El propio Nehemías recibió este informe: *El remanente, los que quedaron de la cautividad, allí en la provincia, están en gran mal y afrenta, y el muro de Jerusalén derribado, y sus puertas quemadas a fuego* (Neh 1.3). A partir de aquí, Nehemías ora al Señor y solicita que le guíe en los propósitos de restauración de Jerusalén y del pueblo de Dios.

El proceso que observamos en el libro de Nehemías no se puede cambiar. Veamos cuál es ese proceso y consideremos por qué ha de ser seguido paso a paso, sin alteraciones:

1. Lectura y comprensión de las Escrituras (Neh 8).
2. Confesión de pecado (Neh 9).
3. Compromiso del pueblo (Neh 10).
4. Restauración (Neh 11).
5. Alabanza (Neh 12).

En algunos sectores se piensa que la restauración y el avivamiento en el pueblo de Dios vienen por una transformación en la alabanza. En mi opinión, es un error. La alabanza es el resultado de la transformación, no el desencadenante. Una iglesia renovada alaba a Dios de una forma especial; es una evidencia de la vivencia de la Comunidad. Una iglesia que pretende su renovación espiritual a partir de la alabanza estará falseando la realidad y se habrá instalado en la apariencia; no hay más que rascar un poco en la vida de los miembros para verificar que, seguramente, estará caracterizada por la superficialidad.

Lo que observo en los capítulos que hemos propuesto como base de nuestra reflexión es que el inicio de la restauración está en la lectura, meditación y comprensión de las Escrituras y propongo que no puede haber transformación si no es a partir de este primer paso. Cuando uno (o un pueblo) es tocado por la Palabra de Dios, lo normal es que le lleve a confesar el pecado. A partir de ahí, el pueblo estará en condiciones de asumir un compromiso de servir a Dios. La consecuencia lógica será que ese pueblo será restaurado y podrá dedicarse a la alabanza a Dios. No se pueden invertir los términos.

Por ello, aquellos que centran su predicación en la necesidad de un compromiso a priori, poniendo cargas innecesarias que inducen sentimientos de culpa, tendrían que reconsiderar lo que están haciendo y buscar la dirección del Señor. El camino de Dios pasa por el aprendizaje de la Palabra (Neh 8), sigue por la confesión (Neh 9) y culmina con el compromiso de servicio (Neh 10). A partir de ahí, es restaurado (Neh 11) y la consecuencia lógica es la alabanza (Neh 12). Esto es de vital importancia para la persona que ha caído, pues la experiencia del pueblo de Dios le ofrece un adecuado marco de referencia. Vamos a verlo por partes de una forma sintética.

Lectura y comprensión de las Escrituras (Neh 8)

El proceso de restauración en el pueblo de Dios se inicia a partir de la Palabra de Dios. Varios aspectos significativos aparecen en este capítulo:

Primeramente, destacamos la importancia de estar atentos a la Palabra de Dios (vs. 1-7). La Ley fue leída delante de hombres, mujeres y de *todos los que podían entender* (v. 2-3). Además, la lectura fue larga, *desde el alba hasta el mediodía* (v. 3). Esto podía plantear una pérdida de atención, pues la concentración se debilita con el paso de los minutos, pero el efecto que produjo fue el contrario, pues en tres ocasiones nos dice que el pueblo estuvo atento (vs. 3, 5, 7).

En segundo lugar, tenemos que mencionar la necesidad de entender la Palabra de Dios (vs. 8-12). La lectura era clara (v. 8), y había 14 personas allí para explicar la Ley de Dios (vs. 4, 8, 9). Cuando la Palabra de Dios es entendida, se producen reacciones emocionales: lágrimas y alegría (vs. 9, 12). Oír la Palabra no produce apenas efecto, pero entenderla (escucharla) sí.

En tercer lugar, después de estar atentos y entender la Palabra de Dios, deciden obedecerla (vs. 13-18). La responsabilidad comienza por los cabezas de familia (v. 13) que quisieron entender mejor la Palabra de Dios; encontraron un mandamiento que no habían cumplido y decidieron obedecer, lo cual generó gran alegría (v. 17). Leyeron cada día, durante siete días, siendo el octavo de solemne asamblea (v. 18).

Gran parte del problema en nuestros días es que los creyentes no están atentos a la Palabra de Dios, por lo que no la entienden y, por lo tanto, no toman la decisión de obedecerla. Tenemos que reconocer que aquí hay dos partes: por un lado, el interés del que escucha y, por otro, la habilidad del que habla. Ambos aspectos confluyen para producir el efecto necesario. De nada serviría tener un gran predicador si el auditorio no tiene interés; de la misma forma, si el auditorio desea escuchar y el predicador no tiene habilidad, no se cumplirá el propósito deseado, no habrá comunicación. El verso 8 nos dice que leían la Palabra y *ponían el sentido, de modo que entendiesen la lectura*.

De ahí que, en el proceso de restauración, el primer paso ha de ser asegurarnos que la persona que ha caído tiene interés en la Palabra de Dios y que los restauradores tienen la habilidad suficiente y necesaria para comunicar las verdades eternas. A partir de ahí, la comprensión y la obediencia irán ligadas y se manifestarán de forma expresa.

Confesión de pecado (Neh 9)

Una vez que se ha estado atento a la Palabra, que se ha entendido lo que Dios quiere y que se ha tomado la decisión de obedecer, el paso siguiente es la confesión de pecado. Esto no es demasiado difícil, porque uno es confrontado con la Palabra y observa que su vida no está en coherencia con lo que Dios espera de él. A partir de ahí caben dos reacciones: justificarnos a nosotros mismos (como hizo el fariseo) o confesar el pecado (como hizo el publicano).

Lo interesante de este capítulo es que el que confiesa se centra en lo que Dios es, no tanto en lo que los hombres hacemos.

Así, mantenemos la perspectiva adecuada para confesar nuestro pecado. Veamos esto por partes:

Primero habla del Dios de la creación (9.5-6), reconociendo que solo existe un único Dios, Jehová.

En segundo lugar nos habla del Dios del Pacto (vs. 7-8), y los pactos, a diferencia de los contratos, son incondicionales, no se rompen aunque el otro incumpla su parte. Dios tomó la decisión de elegir un pueblo y lo llevó a cabo porque es fiel.

En tercer lugar, nos habla del Dios de la redención (vs. 9-12). El Señor liberó a su pueblo de Egipto a pesar de los obstáculos que estaban surgiendo, pero Dios no los iba a abandonar, sino que los guió de día y de noche.

En cuarto lugar, nos habla del Dios de la revelación (vs. 13-14), comunicando sus intenciones y voluntad. La Torá se convirtió en la instrucción para la vida del pueblo de Israel.

En quinto lugar, nos habla del Dios del sustento (v. 15), al dar a su pueblo pan del cielo y agua de la roca. El libro de Éxodo nos dice que los que partieron de Egipto eran unos 600.000 hombres sin contar niños (Ex 12.37). El libro de Números nos indica que se hizo un censo de los que tenían 20 años para arriba (varones): 603.550 (Nm 1.46; 2.32); a esta cifra hay que añadir un censo aparte, el de los levitas, unos 22.000 (Nm 3.39). Imaginemos la provisión tan abundante de Dios.

En sexto lugar, nos habla del Dios del perdón (vs. 16-17). El texto nos indica que el inicio de todo lo que experimentaron radicó en la soberbia; esto les llevó a endurecer su corazón y, como consecuencia, no escucharon los mandamientos de Dios y se olvidaron de sus maravillas. Todo ello culminó con la rebeldía. Pero, afortunadamente, el Dios de Israel es un Dios de perdón, *clemente y piadoso, tardo para la ira y grande en misericordia, porque no los abandonaste* (v. 17).

En séptimo lugar, nos habla del Dios de la dirección (vs. 18-19), alumbrando el camino de día y de noche.

En octavo lugar, nos habla del Dios de la perseverancia (vs. 20-21), pues los estuvo alimentando durante 40 años en el desierto y proveyendo del vestido necesario.

En noveno lugar, nos habla del Dios de la tierra (vs. 22-25). La propiedad de la tierra era de Jehová, que la dio en posesión a Israel. Esto era muy importante, porque tenía que aprender a administrarla bien, porque no era de su propiedad, sino del Señor.

En décimo lugar, nos habla del Dios de la fidelidad (vs. 26-28). Hay una secuencia constante que recorre todo el Antiguo Testamento.

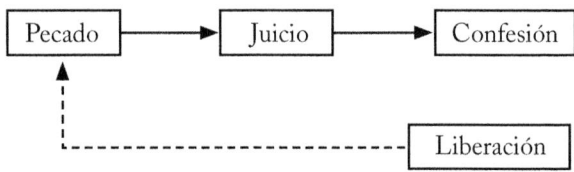

En esta sección se nos habla de la rebelión del pueblo, del rechazo de la ley de Dios, de la eliminación de los profetas que el Señor enviaba… A partir de aquí, había juicio de Dios. El pueblo confesaba y Dios les enviaba un libertador; pero la historia se volvía a repetir.

En undécimo lugar, nos habla del Dios de la misericordia (vs. 29-31). Fijémonos en la actitud de Dios frente al pecado:

- Verso 29: *Los amonestaste*. Reacción del pueblo: soberbia y rechazo.
- Verso 30: *Los soportaste*. Reacción del pueblo: no escucharon.
- Verso 31: *No los consumiste, ni los desamparaste.*

En duodécimo lugar, nos habla del Dios de la justicia (vs. 32-37). Todo lo que ha sobrevenido al pueblo, reconocen que ha sido justo.

En el proceso de restauración, la persona que ha caído ha de hacer confesión de su pecado a Dios, centrando su atención en lo que el Señor es. Viendo y contemplando cómo es nuestro Dios, la confesión será completa, porque no hay nada que se pueda ocultar de sus ojos. Sin una completa confesión a Dios, la restauración no será posible.

Compromiso del pueblo (Neh 10)

El último verso del capítulo 9 nos dice que, a causa de todo lo que Esdras había indicado al confesar el pecado del pueblo de Dios, tomaron una decisión:

- Hicieron fiel promesa.
- La escribieron.
- La firmaron.

Desearía constatar tres características de un compromiso firme que pueden orientar al Consejo Pastoral en relación a la persona que cae:

En primer lugar, el compromiso ha de ser coherente. Cuando una persona, o una Comunidad, ha confesado sinceramente el pecado ante Dios, después de haber entendido las Escrituras, la consecuencia lógica es adquirir un compromiso. Aquí podemos detectar la coherencia espiritual de la persona.

En segundo lugar, el compromiso ha de ser público (10.1-27). Observemos el detalle de la firma:

- 10.1: el primero en firmar, Nehemías el Gobernador.
- 10.1-8: los siguientes en firmar son los sacerdotes.
- 10.9-13: los siguientes en firmar son los levitas.

- 10.14-27: los siguientes en firmar son los jefes del pueblo.

Esto significa que la responsabilidad comienza por los líderes del pueblo. Hacer público un compromiso ayuda a ser cumplido. La persona que ha caído ha de evidenciar su confesión, efectuando un compromiso público, no necesariamente ante toda la Comunidad; puede ser ante el Consejo Pastoral o ante las personas que le están guiando en su proceso de recuperación.

En tercer lugar, la promesa ha de quedar claramente definida (10.28-39). El texto nos indica que todos los que tenían comprensión y discernimiento hicieron el compromiso (v. 28). Veamos en qué consistió su promesa:

- Cumplir la ley: 28-29.
- Santidad, no mezclarse con otros pueblos: 30.
- Guardar el sábado, el reposo de la tierra y la remisión de las deudas: 31.
- Contribuir al sostenimiento de la obra de la casa de Dios: 32-33.
- Repartir el trabajo en la casa de Dios: 34.
- Aportar las primicias del trabajo como ofrenda: 35-37.
- Ofrendar el diezmo para sostener a los levitas y sacerdotes: 37-39.
- No abandonar la casa de Dios: 39.

De la misma forma, la persona que ha caído ha de hacer un compromiso público y claramente definido. Esto tiene que ver con la falta cometida y con otros aspectos relacionados con ella. Por poner un ejemplo: si una persona tiene problemas con la pornografía, podría adquirir el compromiso de evitar ciertos programas televisivos, mantener una agenda ocupada y que rinda cuentas a alguien durante la semana sobre lo que ha hecho, distanciarse de ciertas salas o lugares que le impulsen al pecado... La parte positiva tendrá que ver con trabajar en los conceptos de dignidad de la persona, buscar ayuda psicológica en un profesional...

Restauración (Neh 11)

El capítulo 11 de Nehemías nos habla del proceso que siguieron para que Jerusalén volviera a estar habitada. Esto era importante porque esta ciudad había sido elegida por Dios como lugar de adoración.

El hecho de que volviera a estar habitada tenía que ver con las promesas de Dios cuando decía que si el pueblo clamaba a Él, lo recogería de lo último de la tierra para volverlo a congregar allí. Fijémonos que esta fue la oración inicial de Nehemías: *pero si os volviereis a mí, y guardareis mis mandamientos, y los pusiereis por obra, aunque vuestra dispersión fuere hasta el extremo de los cielos, de allí os recogeré, y os traeré al lugar que escogí para hacer habitar allí mi nombre* (Neh 1.9). Al cabo de un tiempo, el propio pueblo experimentó el cumplimiento de la promesa. Tenía que ser un momento muy especial.

De la misma forma, después de la meditación de la Palabra de Dios y comprenderla, después de confesar el pecado y hacer un firme compromiso, el proceso de restauración de la persona que ha caído será provechoso y bendecido por Dios. El Consejo Pastoral tiene ya mucho terreno ganado; no obstante, cada persona tiene unos plazos distintos en función de varios factores que han intervenido en la caída y en la recuperación, por lo que la sabiduría del Señor tendrá que hacerse manifiesta en la Comunidad Restauradora. Será maravilloso y emocionante ver cómo, después de seguir este proceso descrito en Nehemías, la restauración de las personas que caen es posible.

Alabanza (Neh 12)

Este capítulo nos habla de la alabanza y de la dedicación del muro de Jerusalén. A partir del verso 31 nos informa de que había dos grandes coros; todo estaba organizado, usaban diferentes tipos de instrumentos (vs. 35-36).

La alegría era manifiesta. El texto nos dice: *Y se regocijaron, porque Dios los había recreado con grande contentamiento; se alegraron también las mujeres y los niños; y el alborozo de Jerusalén fue oído desde lejos* (12.43).

Es evidente que, cuando Dios restaura, hay alegría. La persona que ha caído y es restaurada experimentará gozo, y la Comunidad tendrá grande contentamiento. Bastaría con recordar la historia del hijo pródigo; el padre hace gran fiesta cuando su hijo vuelve a casa y confiesa el mal que ha hecho. De la misma forma, hay gozo en el cielo cuando un pecador se arrepiente; de forma especial, cuando se trata de un hijo de Dios que, aunque ha caído, decide volver al Señor para pedirle perdón y ser restaurado a la comunión con Él y con la familia cristiana.

CAPÍTULO 10

El proceso de restauración: pasos

Ya hemos visto en el capítulo anterior el proceso básico de restauración que se inicia al ser confrontado con la Palabra de Dios y trae como primer resultado el arrepentimiento y la confesión para adquirir un compromiso de fidelidad al Señor.

Podemos ver otro ejemplo en el Nuevo Testamento. La iglesia de Éfeso era modélica en muchos sentidos, aunque no perfecta; su testimonio era digno, pero había algo que a Dios no le agradaba: había dejado su primer amor (Ap 2.4). A partir de ahí, el mismo Dios plantea el procedimiento para la restauración (v. 5):

Primeramente, *recuerda de dónde has caído*. Aquí se usa un adverbio de lugar (πόθεν), lo que nos invita a pensar no tanto en las causas de la caída, sino en el lugar donde se encontraba previamente la iglesia. Es una invitación a considerar los privilegios que se tenían en el estado previo al tropiezo. Aquí se relaciona con el primer amor (v. 4), que no es un sentimiento, sino una forma de vivir.

Por otro lado, al recordar de dónde se ha caído, se proyecta, psicológicamente, una meta; es decir, el lugar en el que deberá estar después del proceso de restauración.

De la misma forma, la persona que ha caído ha de recordar cuál era su estado previo al tropiezo, cómo era su vigor espiritual, sus privilegios de hijo de Dios...

Seguidamente, *arrepiéntete* (μετανοέω). El verbo es un imperativo aoristo, lo que expresa un mandato. La palabra usada tiene que ver con un cambio en la manera de pensar, lo que afectará a la conducta.

La persona que ha caído necesariamente ha de arrepentirse; es decir, ha de cambiar su manera de pensar respecto a Dios, respecto al pecado, respecto a sí mismo, respecto a la Comunidad, respecto a los demás... El arrepentimiento, necesariamente, ha de llevarle a la acción.

Finalmente, *haz las primeras obras*. Con esto tiene que ver el primer amor que hemos mencionado antes; el amor no es palabra, sino obra; no es sentimiento, es acción.

La persona que ha caído ha de recuperar su primer vigor, dejar de hacer el pecado y practicar las obras que corresponde a los hijos de Dios demostrando así su amor por Él.

Veamos el texto más significativo del Nuevo Testamento respecto al proceso de restauración de la persona que cae:

Por tanto, si tu hermano peca contra ti, ve y repréndele estando tú y él solos; si te oyere, has ganado a tu hermano. Mas si no te oyere, toma aún contigo a uno o dos, para que en boca de dos o tres testigos conste toda palabra. Si no los oyere a ellos, dilo a la iglesia; y si no oyere a la iglesia, tenle por gentil y publicano. De cierto os digo que todo lo que atéis en la tierra, será atado en el cielo; y todo lo que desatéis en la tierra, será desatado en el cielo. Otra vez os digo, que si dos de vosotros se pusieren de acuerdo en la tierra acerca de cualquiera cosa que pidieren, les será hecho por mi Padre que está en los cielos. Porque donde están dos o tres congregados en mi nombre, allí estoy yo en medio de ellos. Entonces se le acercó Pedro y le dijo: Señor, ¿cuántas veces perdonaré a mi hermano que peque contra mí? ¿Hasta siete? Jesús le dijo: No te digo hasta siete, sino aun hasta setenta veces siete (Mt 18.15-22).

El contexto

Este pasaje está enmarcado entre varias secciones muy significativas que enfocan hacia la humildad y el perdón y todas ellas parece que forman un bloque compacto. Veamos cada una de ellas.

El capítulo comienza con una pregunta sobre quién es el mayor en el Reino de los Cielos (v. 1). La pregunta tiene miga, pues corresponde a las relaciones de poder y prestigio existentes en la sociedad judía del primer siglo. Jesús estaba inaugurando un nuevo sistema basado en la igualdad y los discípulos, en ese nuevo reino que se inaugura, todavía están pensando en el viejo orden.

La respuesta de Jesús es amplia, comenzando por llamar a un niño y enseñar que el mayor en el Reino de los Cielos es el que se humilla (v. 4).

La segunda sección del capítulo (vs. 6-9) contiene unas palabras dramáticas. Jesús enseña que si tu mano, tu pie o tu ojo te es ocasión de caer, sería mejor quitarlo para entrar en la vida y no ser condenado. Bajo esta perspectiva, todos estaríamos mancos, cojos o ciegos. Es imposible que cualquier hijo de Dios se mantenga sin caer. Entonces, ¿hacia dónde nos lleva el Maestro?

La tercera sección nos habla de la oveja perdida (vs. 10-14). La enseñanza central está en el verso 11: *el Hijo del Hombre ha venido para salvar lo que se había perdido*. Cuando una oveja se pierde, el pastor deja a las demás y va en busca de la que se ha perdido y, cuando la encuentra, se regocija.

Recapitulando, los temas que preceden a la enseñanza sobre la restauración en la Comunidad Cristiana son la humildad, la imposibilidad de mantenerse sin caer y la Venida del Señor para salvarnos cuando estábamos perdidos.

Por eso, el verso 15 comienza diciendo: *Por tanto*. *El Señor enseña que la humildad es el caldo de cultivo que permitirá la restauración, porque hemos de reconocer que nadie está exento de la caída y Él vino para permitir la salvación a los pecadores.* Por tanto...; es decir, en base a todo esto, si tu hermano peca, lo que tienes que hacer es... Y aquí comienza nuestro pasaje.

Antes de considerarlo, tenemos que ir a la última sección del capítulo (vs. 23-35), donde Jesús nos cuenta la historia de los dos deudores, que viene precedida por *el reino de los cielos es semejante a...*, lo cual es un indicativo para la vida de la Iglesia. La enseñanza central de este pasaje es que tenemos que tener misericordia como Dios la ha tenido con nosotros y perdonar las deudas a nuestros hermanos como Dios nos ha perdonado: *¿No debías tú también tener misericordia de tu consiervo, como yo tuve misericordia de ti?... Así también mi Padre celestial hará con vosotros si no perdonáis de todo corazón cada uno a su hermano sus ofensas* (vs. 33-34). En este pasaje, la misericordia y el perdón están estrechamente relacionados (vs. 27, 32-33).

Esto es muy significativo, pues este texto enseña que hemos de perdonar a nuestros hermanos que pecan y hacerlo de corazón, participando en su proceso de restauración; ¿cómo hacerlo? Recordando que Dios ha tenido misericordia de nosotros y nos ha perdonado todas nuestras ofensas; por lo tanto, la humildad nos ha de ayudar a no desarrollar un espíritu altivo, recordándonos que nosotros hemos necesitado la gracia de Dios para nuestra salvación y santificación. Ahora, pasemos al texto clave de este capítulo (vs. 15-22).

El proceso

En el pasaje de Mateo 18.15-22 aparece definido el proceso de restauración. Veamos los pasos que engloba:

El primer paso en el proceso de la restauración eficaz es la confrontación personal: *Por tanto, si tu hermano peca contra ti, ve y repréndele estando tú y él solos; si te oyere, has ganado a tu hermano* (v. 15).

Primeramente hemos de señalar que la confrontación a la que aquí se refiere tiene que ver entre hermanos, es decir, entre miembros de la familia cristiana, lo que significa que es un procedimiento para la iglesia y desde la iglesia.

Por otro lado, hemos de asegurarnos de que hay una situación de pecado y no, simplemente, una diferencia de opinión. Las diferencias de opinión se pueden exponer, argumentar, razonar..., pero no confrontar o reprender. Por ejemplo, podemos explicar si nos gusta más o menos que un miembro de la Comunidad vista de una determinada manera o lleve el cabello de otra..., pero eso no tiene nada que ver con el pecado, por lo que no estamos autorizados a confrontarlo.

La cuestión que nos hemos de plantear aquí es: ¿qué es pecado? Dos ideas principales hay que tener en cuenta a la hora de definir o describir el pecado: *la relación con Dios y la relación con los demás*. Para explicar esto vamos a centrarnos en el Decálogo (Ex 20; Dt 5). Los cuatro primeros mandamientos están orientados hacia Dios (no tener dioses ajenos, no hacerse imágenes, no tomar el nombre de Dios en vano, guardar el día de reposo) y los seis últimos están orientados hacia los demás (honrar a padre y madre, no matar, no adulterar, no hurtar, no hablar falso testimonio, no codiciar).

Así, *el pecado tiene que ver con vivir de espaldas a la revelación divina y manifestar actos de maldad contra el prójimo*. Por eso, el evangelio hace un resumen de la ley desde esta perspectiva, indicando que los dos grandes mandamientos son amar a Dios sobre todas las cosas y al prójimo como a uno mismo (Mt 22.37-39). El apóstol Pablo todavía va más allá y se centra en la dimensión social, diciendo: *Porque toda la ley en una sola palabra se cumple: Amarás a tu prójimo como a ti mismo* (Ro 13.9; Gal 5.14).

Dicho esto, podemos proponer que el pecado tiene que ver con cualquier pensamiento o acción que rechace a Dios e integre maldad contra el prójimo. Si nos detenemos a analizar las listas de pecados que aparecen en la Escritura, veremos esta orientación claramente; por ejemplo, Gálatas nos habla de las obras de la carne, y todas incorporan la idea de maldad contra el prójimo (pleitos, celos, iras, contiendas..., envidias, homicidios...), lo que demuestra el rechazo de Dios. El pasaje de Romanos 1.29 y ss., indica lo mismo al hablar de injusticia, fornicación, perversidad, avaricia, maldad..., engaños..., soberbios, altivos... Esto quiere decir que el pecado tiene una dimensión social que implica daño hacia el otro, demostrando el rechazo de la ley divina.

Si analizamos el mensaje de los profetas, llegamos a la misma conclusión. Los profetas denunciaban que el pueblo de Dios se había alejado de la Torá y, como consecuencia, se había producido un atropello cruel de los derechos humanos, llegando a situaciones de abuso y de injusticia (maldad contra el prójimo).

Así las cosas, lo que hemos de preguntarnos para *acotar el concepto de pecado* es: ¿qué afrenta se ha hecho a la Palabra de Dios y qué maldad se ha cometido contra la persona? Esto nos preservará de incluir en el concepto de pecado conductas que no lo sean; de forma especial porque, en nuestra historia cristiana, han sido condenadas ciertas prácticas que ahora aceptamos y, además, lo que en un contexto cultural era rechazado, en otros escenarios es aceptado.

El texto añade: *contra ti*. Esta parte del verso no está atestiguada en algunos manuscritos.[93] Esto es significativo por el hecho de que no podemos excusarnos argumentando que la afrenta no ha sido contra nosotros. Todo pecado afecta a la Comunidad; por lo tanto, si un creyente es testigo de una falta, tiene la responsabilidad de confrontar al hermano que ha caído.

Ahora bien, alguien podría indicar que al confrontar a alguien estamos juzgándole y la Escritura dice: *No juzguéis para que no seáis juzgados* (Mt 7.1). Es evidente que toda confrontación implica un juicio previo. No obstante, desde el punto de vista espiritual, cuando se confronta a un hermano que ha caído, lo está haciendo primeramente Dios, a través de su Palabra que ha dicho no hurtarás, no mentirás, no adulterarás…; de manera que la persona que confronta solo es el emisario que Dios usa para la pureza en la iglesia. Quien juzga es Dios.

La confrontación en sí viene definida por el verbo *repréndele* (ἐλέγχω), que está en modo imperativo. Esta palabra, señala Link, significaba originariamente censurar y, más tarde, se usó en el sentido de probar, investigar, ir al fondo de una cosa. En Platón y Aristóteles significa rebatir. Filón y Josefo hablan de la corrección.[94] También nos dice que los LXX traducen con este término una palabra hebrea que significa pedir cuentas, corregir, reprimenda.[95] Interesante es el sentido de la corrección en los textos de Qumrán a partir del pasaje de Levítico 19.17 que dice: *No aborrecerás a tu hermano en tu corazón; razonarás (reprenderás) con tu prójimo, para que no participes de su pecado*.

El que advierte que su hermano está cometiendo una transgresión contra la ley tiene que corregirle, y ciertamente pri-

---

[93] Falta en Alef, B, f1, cop sa,bo-mss, Orígenes 3/6, Cyrilo.
[94] Link, Culpa, *Diccionario teológico del Nuevo Testamento*, I:385.
[95] *Ibid.*

mero ante testigos (CD 7, 2). Si esa corrección no sirve para nada, debe llevarse el caso a la comunidad en su conjunto, la cual procederá luego contra el transgresor (1 QS III, 6).[96]

El texto todavía tiene un matiz muy importante: estando tú y él solos. Si uno es testigo de una falta cometida por un hermano, no hay razón para contarlo a otro. La Escritura enseña a confrontarlo personalmente y a solas, sin intervención previa de nadie más. Esto preserva la dignidad de la persona que ha caído, favorece la relación, evita la murmuración, erradica el juicio inmisericorde, permite el perdón y promueve la maduración.

Es evidente que hay pecados y pecados. No obstante, la única diferencia está en las consecuencias que cada pecado tiene para uno mismo y para los demás. Ahora bien, curiosamente, Jesús no hace ninguna distinción entre ellos, por lo que haríamos bien en no hacerla tampoco nosotros.

Recuerdo de una manera diáfana el caso de un miembro de la iglesia que me llamó para compartirme la falta de otro hermano. Estaba escandalizado por lo que había pasado. Lo que estaba intentando esta persona que me informó sobre el pecado cometido era traspasar la responsabilidad a la autoridad de la iglesia, pero eso no hubiera ayudado en nada al crecimiento y la maduración, por lo que le recomendé que hablara con él y lo confrontara con amor, primero para confirmar lo que había pasado y, después, para buscar la restauración. Al cabo de un rato, volvió a sonar el teléfono. Era la persona que me había informado del pecado cometido y, contenta con lo que había descubierto, me indicó que todo había sido un malentendido y que ya estaba solucionado. Fue una buena lección para todos; primero, porque se hubiera podido crear un problema donde no lo había y, segundo, porque al poner en marcha el proceso

---

[96] *Ibid.*, I:386.

que enseña Jesús, las cosas se pueden solucionar de una forma mucho más satisfactoria. Lo curioso fue que la persona confrontada no se molestó, sino que fue comprensiva.

Ahora bien, ¿qué hubiera pasado si el pecado hubiera sido confirmado? Jesús dice: *si te oyere, has ganado a tu hermano*. Oír significa aceptar la reprensión, reconocer la falta, confesarla al Señor y buscar el arrepentimiento.

¿Y si el pecado ha sido cometido por un diácono o por alguno de los pastores de la iglesia? ¿Qué hacer? El texto indica que el primer paso es tratarlo a solas, pero la trascendencia que tiene el hecho de que sea una figura de autoridad en la iglesia merece una consideración más detallada. La Escritura nos enseña que el arrepentimiento ha de ser manifiesto: *haced frutos dignos de arrepentimiento* (Mt 3.8). Una clara evidencia de que la persona (un líder espiritual) se ha arrepentido podría ser solicitar que lo comparta con el resto del Consejo Pastoral para buscar ayuda en personas de su nivel con el fin de conseguir la restauración y salud espiritual necesaria para volver a ejercer el ministerio pastoral. El Consejo de Ancianos, en este caso, establecerá el proceso de disciplina necesario en función de las diversas circunstancias que concurran. Es evidente que la situación no es fácil, pero es prudente que el Consejo Pastoral sepa lo que ha ocurrido para ayudar al siervo de Dios que cae. Además, así se ganará el respeto de la persona que lo ha confrontado.

El texto dice: *si te oyere, has ganado a tu hermano*. Esto significa arrepentimiento, que tiene que ver con tres acciones principales:

- Confesión al Señor.
- Solicitud de perdón al hermano ofendido.
- Restitución del daño causado.

Si evidenciamos estas tres acciones, se ha ganado al hermano. Imaginemos que descubrimos que un miembro de la iglesia ha difamado a otro y nosotros somos testigos. Cuando esa persona es confrontada, si es sensible a la guía del Espíritu Santo, confesará su pecado al Señor, irá a pedir perdón al hermano que ha difamado y tratará de restablecer su buena reputación dirigiéndose a aquellos a los que había hablado previamente (restitución). Es evidente que esta reacción es una clara muestra de arrepentimiento, por lo que no cabe otra cosa que perdonarle, pues se ha ganado a un hermano. Si esto no ocurre, es necesario avanzar en el proceso.

El segundo paso en el proceso de la restauración eficaz es el arbitraje: *Mas si no te oyere, toma aún contigo a uno o dos, para que en boca de dos o tres testigos conste toda palabra* (v. 16).

Cuando una persona es confrontada caben dos posibles reacciones: aceptar la represión o rechazarla. La primera posibilita la restauración (has ganado a tu hermano); la segunda nos habilita para dar el siguiente paso: confrontarlo delante de uno o dos testigos.

El texto no nos enseña quiénes han de ser los testigos, aunque es evidente que tienen que ser personas maduras, dignas de confianza, ya que asumen una responsabilidad importante ante la Comunidad, al ser oidores de lo que ha pasado por si fuera necesario dar el siguiente paso (publicarlo a la iglesia).

Cabe la posibilidad de que no haya más prueba que la de la persona que confronta. Me explico. Imaginemos que un hermano ha sido sorprendido en una falta por un miembro de la iglesia quien inicia el proceso que aquí enseña el Maestro. La persona lo niega, y el hermano que confronta decide dar el segundo paso, llevando el asunto delante de uno o dos testigos más; la persona confrontada sigue negándolo. La situación aquí se torna complicada porque es la palabra de uno contra la palabra de otro. ¿Qué hacer? En este caso, en mi opinión, el proceso termina aquí, si el que confronta no tiene más pruebas que su palabra.

Ahora bien, en un caso así, si la actitud de la persona confrontada es la negación, merecería la pena que los testigos a los que se llama pertenecieran al Consejo Pastoral. La razón es básica. La información que tienen los pastores sobre los miembros, en muchas ocasiones, es bastante amplia, con lo que podrán discernir mejor el camino a seguir. Imaginemos que el Consejo Pastoral ha sido previamente advertido por otro miembro diferente de la iglesia que fue testigo del mismo pecado, pero no tenía pruebas, con lo que se trataba de una situación de palabra contra palabra. Ahora el Consejo Pastoral sí tiene pruebas suficientes para ejercer su responsabilidad y confrontar, juntamente con los testigos, al hermano que ha caído. El proceso entra en una nueva dimensión que permitirá la sanidad de esa persona que no solo ha pecado, sino que al ser confrontado, no se ha humillado buscando el arrepentimiento y el perdón de Dios. La vergüenza, el miedo o el orgullo han podido más que la humildad.

La Torá establecía la necesidad de dos o tres testigos para poder juzgar a una persona; un solo testigo era inválido: *No se tomará en cuenta a un solo testigo contra ninguno en cualquier delito ni en cualquier pecado, en relación con cualquier ofensa cometida. Solo por el testimonio de dos o tres testigos se mantendrá la acusación* (Dt 19.15). El mismo principio lo encontramos en 1 Tm 5.19: *Contra un anciano no admitas acusación sino con dos o tres testigos*.

Creo que podemos concluir que los testigos que menciona el evangelio tienen una triple función. Por un lado, testificar de lo que se ha hablado en el proceso de confrontación; por otro, confrontar al hermano que ha pecado; y, por último, certificar lo que ellos mismos conocen en relación al pecado cometido. El verso siguiente corrobora lo que estamos diciendo: *Si no los oyere a ellos...* (Mt 18.17), lo que indica que los testigos también participan en el proceso de confrontación y no están como meros espectadores.

El tercer paso en el proceso de la restauración eficaz es la audiencia pública: *Si no los oyere a ellos, dilo a la iglesia* (v. 17a).

No oír a los testigos implica mantener el espíritu altivo, no contrito. En una situación así, es necesario dar el siguiente paso que, por doloroso o escandaloso que parezca, será pedagógico y terapéutico para la Comunidad Cristiana.

El Señor solicita que el caso sea llevado a la iglesia, quien tendrá que confrontar unánimemente a la persona que ha caído para que se arrepienta de su pecado y pueda abrirse, así, la puerta de la restauración.

La función de la iglesia aquí es delicada e importante, y ha de huir de mantener un espíritu paternalista que hace un flaco favor a la persona que ha caído. La Comunidad Cristiana no puede alinearse con el pecador; ha de amarlo, pero tiene que quedar claro que rechaza el pecado cometido. La santidad ha de preservarse y, si la iglesia no quiere ser dañada, ha de actuar de manera unánime. Si la iglesia confronta, todos los miembros han de estar unidos contra el pecado y no sirve minimizar los hechos. La situación es severa. No obstante, es evidente que la misericordia ha de presidir todo este proceso, sin apartarse de la firmeza. Si la persona no se ha arrepentido estando a solas, tiene que ser confrontada por la totalidad de la iglesia para su bien.

Desearía ilustrar esta idea con un ejemplo del entorno de la familia. Cuando un niño pequeño es reprendido por uno de los padres por una mala conducta, el otro progenitor ha de alinearse con el que ha confrontado para que el niño vea que hay una misma línea de acción en el matrimonio y pueda aprender y discernir claramente lo que está bien y lo que está mal. Si el niño observa un pequeño resquicio de división entre los padres, lo usará siempre y creará separación en el seno de la familia. De la misma manera, a otro nivel y escala, la persona confrontada ha de observar que toda la iglesia está en la misma línea de acción; eso le ayudará a reflexionar, a madurar y, seguramente, a arrepentirse de su pecado. Si eso pasa, se ha ganado al hermano.

El cuarto paso en el proceso de la restauración eficaz es la disciplina correctiva: *Y si no oyere a la iglesia, tenle por gentil y publicano* (v. 17b).

Llegados a este punto es difícil que el hermano no se haya arrepentido, pero es posible que no sea así, por lo que la iglesia toma una grave decisión: tenerlo por gentil y publicano; es decir, tratarlo como si fuera una persona que no pertenece al pueblo de Dios.

La disciplina no la impone el Consejo Pastoral en este caso, sino la iglesia, como una unidad, lo que será muy eficaz y saludable para todos. Más adelante hablaremos de las medidas disciplinarias que la iglesia puede y debe adoptar con el fin de preparar el camino de la restauración. Llegar a esta situación límite es doloroso, pero saludable.

Atar y desatar

El verso 18 contiene unas expresiones un tanto oscuras para el mundo occidental. ¿Qué significa atar y desatar? John White dice:

Atar significa retener la comunión, reconocer formalmente el estado de separación que se ha producido. Desatar significa perdonar, abrir ampliamente los brazos a alguien que está siendo reconciliado.

Atar también puede significar prohibir, declarar que ciertas acciones no se permiten. De igual manera, desatar significa permitir, declarar que ciertas acciones son aceptables.[97]

---

[97] White, *Restauración de los heridos*, p. 103.

Y añade:

> *Esos fueron los significados técnicos de dichas palabras en el tiempo de Cristo, y así las entendían comúnmente los doctores de la ley. Las reglas sobre lo bueno y lo malo, que establecían los rabinos, estaban codificadas en las tradiciones de los ancianos (halakan).*[98]

Alfred Edersheim lo expresa así:

> *Las palabras son una traducción literal de los equivalentes hebreos asar, que significa atar en el sentido de prohibir, y hittir que significa soltar en el sentido de permitir... Pero esta expresión, tanto en dicción targúmica como talmúdica, no es meramente el equivalente de permitir, sino que pasa al de remitir o perdonar...*[99]

Lo que esto quiere decir es que los rabinos eran los depositarios del poder legislativo y del poder judicial. Mediante el primero *ataban o soltaban actos o cosas; por el segundo eran remitidos o retenidos, declarando a una persona libre de castigo o sometida a él, a la compensación o al sacrificio.*[100] El mensaje de Jesús aquí en este texto tiene que ver con el hecho de que aquello que estaba reservado para el oficio rabínico, ahora es trasladado a la Iglesia.

Mateo 16.19 indica que atar y desatar es concedido al apóstol Pedro en términos prácticamente idénticos a los de 18.18. De manera que, podemos entender que las palabras del capítulo 16 en relación a Pedro se extienden a la Comunidad de Discípulos (cap. 18). Así que, la autoridad en el desarrollo de la disciplina no está en manos de una persona, sino de la Iglesia.

En la misma línea está el texto de Juan 20.23: *A quienes remitiereis los pecados, les son remitidos; y a quienes se los retuviereis,*

---

[98] Ibid.
[99] Alfred Edersheim, *La vida y los tiempos de Jesús el Mesías* (Terrassa: Clie, 1988), I:838.
[100] Ibid.

les son retenidos. Estas palabras fueron dichas después de que Jesús muriera y resucitara, antes de ascender a los cielos. W. von Meding y D. Müller dicen:

> *En los pasajes de Mateo 16.19 y 18.18 se deja sentir fuertemente el influjo del hebreo 'äsar, que puede designar no solo la autoridad doctrinal (declarar algo como prohibido) sino también el poder disciplinar (excomulgar). Atar y desatar era, por consiguiente, en el judaísmo un concepto bien determinado para indicar la autoridad doctrinal y disciplinar de los rabinos.*[101]

El término usado para desatar (λύω) se usaba en los LXX para designar el pago (perdón) de la culpa (Is 40.2; Job 42.9).[102]

El pasaje, además, enseña que hay una correlación entre lo que se hace en la tierra y lo que acontece en el cielo, lo cual era típico de la mentalidad de los rabinos. Es decir, las decisiones que la iglesia toma en la tierra son refrendadas en el cielo. Una vez más, estamos en el contexto de la restauración, de la reconciliación, del perdón. La aclaración de Jesús es pertinente (v. 19): *Si dos de vosotros se pusieren de acuerdo en la tierra acerca de cualquiera cosa que pidieren, les será hecho por mi Padre que está en los cielos.*

Así, todo lo que la iglesia ate (discipline) será anotado en el cielo, y todo lo que la iglesia desate (perdone) será perdonado en el cielo. Jesús invita a la práctica del arrepentimiento sincero y el perdón sin reservas. Solo así se preserva la posibilidad de restauración.

La frase que viene a continuación ha sido descontextualizada muchas veces y se ha tornado en una especie de eslogan cristiano: *Donde están dos o tres congregados en mi nombre, allí estoy yo en medio de ellos* (Mt 18.20). Lo que está diciendo el

---

[101] W. von Meding y D. Müller, Atar, *Diccionario teológico Nuevo Testamento*, I:149.
[102] W. Mundle, Desatar, *Diccionario teológico Nuevo Testamento*, IV:54.

Señor con estas palabras tiene que ver con la disciplina y la restauración en la iglesia. Si dos o tres se ponen de acuerdo, es decir, atar o desatar en la tierra, confrontar al hermano y llamar a uno o dos testigos, tenerle por gentil y publicano, ganar al hermano..., todo ello está apoyado por el Señor, es como si Jesús mismo lo hiciera al estar en medio de los suyos y, por lo tanto, se refrenda en el cielo.

El perdón

Después de todo esto, el apóstol Pedro plantea una pregunta inquietante: ¿cuántas veces perdonaré a mi hermano que peque contra mí? ¿Hasta siete? Parecería que perdonar siete veces es la expresión máxima de generosidad. Pero Jesús va más allá y primero sentencia (*No te digo hasta siete, sino aun hasta setenta veces siete*) y, posteriormente, ilustra (parábola de los dos deudores).

En un pasaje paralelo, el doctor Lucas reseña las siguientes palabras de Jesús:

> *Si tu hermano pecare contra ti, repréndele; y si se arrepintiere, perdónale. Y si siete veces al día pecare contra ti, y siete veces al día volviere a ti, diciendo: Me arrepiento; perdónale.*[103]

Posiblemente, los cristianos estemos en la disposición de perdonar una grave ofensa que se haga contra nosotros, pero la exigencia de Jesús es extrema: siete veces al día. La pregunta que nos hemos de plantear es si estamos dispuestos a esto. *El Reino que Jesús inaugura está caracterizado por unas relaciones fundamentadas en la restauración, la reconciliación y el perdón.* Pensemos en ofensas concretas que vengan a nuestra

---

[103] Lucas 17.3-4.

mente (mentira, soberbia, fornicación, robo...); ¿realmente estamos abiertos al perdón cuando hay confesión sincera? Me estoy refiriendo al perdón que nosotros mismos hemos recibido de Dios.

La parábola que Jesús cuenta es apropiada para responder a la cuestión planteada más arriba, ya que es una ilustración del Reino de los Cielos. Es claro que el señor de la parábola es el Padre celestial (v. 35) que se enojará si no perdonamos de todo corazón cada uno a su hermano sus ofensas, pues Él, primeramente, nos ha perdonado a nosotros todas nuestras deudas. Esta y no otra ha de ser la dinámica de la Comunidad de Discípulos. Desde esta vivencia, no será extraño fascinar al mundo y atraerlo al Reino de Dios, pues se ha desterrado la hipocresía y el legalismo intransigente y recuperado la generosidad y el amor que caracteriza a los cristianos.

Lo que Dios nos ha enseñado tiene que ver con el hecho de que al perdonar la ofensa que hemos recibido no se estorbe la relación, ni impida la comunión o eluda la misericordia y el amor. *La comunión se rompe si hay pecado, pero se restaura si hay perdón*. Aquí no valen parches o remiendos, pues cuando Dios obra en medio de su pueblo, las cosas son transformadas, son hechas nuevas. De manera que, cuando perdono a mi hermano de todo corazón, no se produce distanciamiento; cuando aplico lo que he experimentado de Dios (el perdón y la gracia), el resultado será el amor y la generosidad.

> *¿Qué Dios como tú, que perdona la maldad, y olvida el pecado del remanente de su heredad? No retuvo para siempre su enojo, porque se deleita en misericordia. Él volverá a tener misericordia de nosotros; sepultará nuestras iniquidades, y echará en lo profundo del mar todos nuestros pecados.*[104]

---

[104] Miqueas 7.18-19.

Si fuéramos capaces de vivir de acuerdo al modelo que Dios nos ha dejado, toda Comunidad Cristiana sería una Comunidad Restauradora.

CAPÍTULO 11

Algunos ejemplos bíblicos de restauración

En la Escritura tenemos algunos casos de creyentes que se mantuvieron firmes ante la tentación y no sucumbieron a su seducción. Eran personas con sus luchas y limitaciones. Quizás el ejemplo más característico sea el de José cuando la mujer de Potifar le hizo ciertas proposiciones; él se mantuvo fiel a sus principios y rehusó la invitación a pesar de las consecuencias tan nefastas que le trajo. No obstante, Dios era el que todo lo veía y, al final, la bendición no solo le alcanzó a él, sino a su familia.

Otros manifestaron cierta debilidad característica de los grandes siervos de Dios. Aquí podríamos recordar el caso de Elías, que era un hombre sujeto a las mismas pasiones que nosotros. Tenía una visión distorsionada de la realidad al pensar que solo él había quedado como profeta y deseó la muerte…; sin embargo, Dios realizó grandes prodigios a través de él. Otro ejemplo que encajaría aquí sería el de Jonás, profeta que huyó de la presencia del Señor para no obedecerle y, cuando no tuvo más remedio, predicó el mensaje de Dios y le disgustó la actitud de arrepentimiento que hubo en Nínive. Dios tuvo que enseñarle grandes cosas.

De todas formas, respecto a estos dos grupos hemos de decir que no tenemos toda la información sobre sus vidas, por lo que desconocemos las debilidades que estos siervos de Dios tenían. Veamos un par de ejemplos:

- En la Escritura se presenta a Abraham como el padre de la fe, pero tuvo algunas debilidades, al punto de mentir por miedo a Abimelec, rey de Gerar (Gn 20.1 y ss.).
- Noé fue una persona llena de fe y halló gracia a los ojos de Dios (Gn 6.8), aunque tuvo algunos problemas con el alcohol (Gn 9.20 y ss.).

Lo interesante de todo esto es que, a pesar de las debilidades manifiestas, el Señor les amó y desarrolló grandes hazañas a través de ellos, sin esconder sus debilidades.

Aún hay un tercer grupo de creyentes que, víctimas de la tentación, cayeron y fueron restaurados para la causa de Dios. En este grupo desearía centrar la atención para observar el proceso de restauración descrito en las Escrituras. Los dos primeros ejemplos corresponden a dos siervos de Dios, David y Pedro; el tercero corresponde a un miembro de la iglesia de Corinto. Por último, mencionaré a grandes rasgos una confrontación entre Nehemías y algunos nobles del pueblo de Dios. Todo ello ha sido escrito para nuestra maduración como personas y como creyentes.

El rey David

El rey David fue un hombre extraordinario, con una sensibilidad excepcional. También fue una persona que descendió al pozo cenagoso al haber sido arrastrado por el pecado. Los creyentes nos deleitamos hoy en sus salmos, cantos llenos de pasión y delicadeza, en los que la confianza en el Señor es la tónica dominante, incluso en momentos difíciles y comprometidos.

La Escritura nos muestra la grandeza de David y no esconde sus miserias. En el día de hoy, seguramente, no aceptaríamos una persona así en la congregación y menos en el pastorado. Calificativos como hipócrita, falso, vividor… sonarían de manera constante al contemplar la gravedad de su conducta. Sin embargo, la Palabra de Dios ha registrado los acontecimientos para nuestra reflexión y meditación, con el fin de que aprendamos que la gracia de Dios es capaz de perdonar el más horrible pecado que un siervo de Dios pueda cometer. Esto nos ha de llenar de agradecimiento, de ilusión y de esperanza, al creer en un Dios que da nuevas oportunidades a sus hijos porque se deleita en misericordia.

Veamos el proceso que se desarrolló en la caída y, posteriormente, observaremos el de la restauración.

En la *caída* de David hubo varios pasos:

Primeramente vemos que David, en lugar de salir a la guerra, se quedó en Jerusalén. El texto indica que era el tiempo en el que *salen los reyes a la guerra* (2 Sam 11.1). El rey envió a Joab y a su ejército contra los amonitas. Es interesante pensar que la tentación aparece en momentos de menor actividad, cuando la mente parece estar más ociosa.

En segundo lugar, la tentación se inició a través de los sentidos, en este caso, la vista: *se paseaba sobre el terrado de la casa real; y vio desde el terrado a una mujer que se estaba bañando* (2 Sam 11.2). Cuando sabemos el proceso por el que se inicia la tentación, podemos aprender a evitarla.

En tercer lugar, podemos deducir que no se trató de un vistazo casual, sino de una mirada detenida. El texto nos indica: *la cual era muy hermosa* (11.2). Observar o reconocer la belleza de una persona, ya sea varón o mujer, no es malo; deleitarse en ello, puede despertar en el creyente un impulso que le empuje al pecado. David no puso freno, sino alimentó sus pasiones.

Todo podía haber quedado en una anécdota, pero David dio un paso más: quiso saber quién era y se informó (11.3). El deseo podía más que la razón. Como hemos visto más arriba cuando consideramos la tentación, al principio todo tiene que ver con un proceso mental; posteriormente, tiene que ver con la conducta. En un punto intermedio que desconocemos, nos dice Santiago, se concibe el pecado (Stg 1.15). Seguramente David ya había pecado en su corazón cuando mandó llamar a la mujer. El evangelio dice: *Cualquiera que mira a una mujer para codiciarla, ya adulteró con ella en su corazón* (Mt 5.28). Esto significa que, en algún punto intermedio, se produce el cambio que va del impulso al deseo. Jesús, confrontando el legalismo fariseico, enseña que el pecado no está solamente en la acción, sino en el pensamiento; lo primero es externo y puede ser visto por todos, mientras que lo segundo es oculto, pero conocido por Dios, a quien no se puede engañar.

En quinto lugar, David abusó de su poder, pues envió unos mensajeros y la tomó (v. 4). ¿Quién podía negarse ante un requerimiento del mismo rey? Betsabé acudió a la cita. El terreno que David estaba pisando era extremadamente resbaladizo. ¿Qué intenciones tenía David cuando la mandó llamar? Parece bastante evidente lo que pretendía.

En sexto lugar, se acostó con ella (v. 4). Betsabé se volvió a su casa y, aparentemente, no había pasado nada; nadie se había enterado de lo ocurrido. Pero, como en tantos otros casos, el pecado complica las cosas y la mujer quedó embarazada (v. 5) y lo hizo saber a David. El rey tuvo que pensar rápidamente en una solución. En estos casos, la mente está muy despierta, se torna considerablemente ágil, pero escasa de lucidez porque está nublada por el mal cometido. De ahí que las decisiones que se toman en estas condiciones, normalmente, no son las más acertadas. El objetivo de David era enmascarar el pecado, camuflar el mal.

David manda llamar a Urías heteo y desarrolla su plan. Deseaba enviarlo a su casa para que durmiera con su mujer; así, sería fácil engañar a todos y concluir que el hijo que esperaba Betsabé era de Urías. David no contaba con la lealtad de este soldado que no consintió en descender a su casa mientras el ejército de Israel estaba en el campo de batalla (v. 11). La situación se torna más compleja para David y no queda mucho tiempo.

En octavo lugar, David opta por otra solución: embriagarlo para que descendiera a su casa, pero no consiguió su objetivo (v. 13). Como podemos ver, la nebulosa del pecado le está embotando el pensamiento progresivamente.

En noveno lugar, David planteó una solución definitiva: eliminar a Urías, pero tenía que ser una muerte disimulada, para que nadie pudiera sospechar. La sentencia quedó escrita en una carta que envió a su general: *Poned a Urías al frente, en lo más recio de la batalla, y retiraos de él, para que sea herido y muera* (v. 15). El pecado ha cegado totalmente a David, el rey cuya sensibilidad nos ha encandilado a todos los creyentes. Insisto, una vez más, en que la Escritura no esconde su pecado.

Todavía no estaba todo resuelto. Faltaba algo más. David se propuso que Betsabé viviera con él; así que esperó el tiempo prudente del luto y *envió David por ella y la trajo a su casa; y fue ella su mujer, y le dio a luz un hijo* (v. 27).

El proceso que aquí observamos va in crescendo. Una simple mirada, un sencillo impulso, terminó en abuso de poder, en una noche de pasión y culminó en la planificación de la muerte de un hombre leal. El gran rey había caído.

David no contaba con que Dios estaba al corriente de todo lo acontecido. El texto nos dice: *Mas esto que David había hecho, fue desagradable ante los ojos de Dios* (v. 27).

Veamos, ahora, la *restauración* del rey de Israel (2 Sam 12): Primeramente, observamos que es Dios el que toma la iniciativa y envía al profeta Natán. El proceso se inicia a través de un hombre espiritual, alguien que habla por boca de Dios y que es su mensajero (12.1).

Seguidamente, el profeta utiliza una estrategia de confrontación muy sutil. Denunciar el pecado de la máxima autoridad de Israel directamente no era la mejor opción; así que decide contar una historia que permita al rey pronunciar su propia sentencia: *Vive Jehová, que el que tal hizo es digno de muerte* (12.5), dijo David.

A partir del dictamen del rey, Natán, el profeta, tiene vía libre para la confrontación abierta que permita la restauración, por lo que concluye: *tú eres aquel hombre* (v. 7). Después, comparte el mensaje de Dios para David. La denuncia que el mismo Dios hace de David tiene un componente especial: *¿Por qué, pues, tuviste en poco la palabra de Jehová, haciendo lo malo delante de sus ojos* (v. 9). Este texto define la naturaleza del pecado: rechazar la Palabra de Dios y hacer lo malo ante Sus ojos. El pecado que el profeta denuncia es doble: tomar a una mujer que no le correspondía y matar a su marido (v. 9). Insisto en recordar las dos dimensiones del pecado que comentaba más arriba: maldad contra el prójimo y rechazo de la Palabra de Dios.

Aquí podemos ver dos aspectos principales en relación a la confrontación:

- General: desobediencia a la Palabra de Dios.
- Particular: pecado específico (adulterio y asesinato).

Esto es importante porque, cuando alguien se arrepiente, ha de hacerlo teniendo en cuenta los dos aspectos, el general y el particular. Normalmente, las confesiones que han quedado registradas en la Escritura mencionan la desobediencia a la Palabra de Dios (aspecto general) y, después, se especifica el pecado cometido (aspecto particular).

Otro elemento significativo de la historia de David es que las consecuencias de su pecado permanecerían. La sentencia de Dios es severa (vs. 10-12) y afectaría a su propia familia.

Ante este mensaje de Dios, el rey de Israel decide confesar su pecado y el profeta manifiesta que el pecado ha sido perdonado por lo que no moriría (v. 13).

Cuando ya no pudo hacer nada por su hijo, después de haber ayunado y llorado (v. 22), David se preparó y fue a la casa de Dios para adorar (v. 20).

El Salmo 51 es un canto de arrepentimiento y súplica pidiendo el perdón de Dios y la purificación de su alma. David solicita que le transforme su espíritu (v. 10), pues ha reconocido su pecado (v. 3) y manifiesta que lo que a Dios agrada es un corazón quebrantado (v. 17).

El rey David continuó sirviendo a Dios desde el gobierno del pueblo de Israel. Pecó, pero fue perdonado y restaurado por Dios. A partir de aquí, la Iglesia, como Comunidad Restauradora, ha de plantearse qué va a hacer con aquellos creyentes y dirigentes que caen. El caso de David es muy gráfico y elocuente. Consecuencias negativas del pecado siempre hay, pero quedan aliviadas por la forma en que Dios trata a sus hijos cuando tropiezan, al abrir las ventanas de los cielos para inundarles con su misericordia y darles nuevas oportunidades de servicio. No es extraño que, a partir de esta experiencia, podamos, como David, acudir a la presencia de Dios para adorarle, sabedores de que su perdón nos ha alcanzado.

El apóstol Pedro

Dios, conocedor de la tendencia humana a idolatrar a las personas, ha elegido registrar en su Palabra el pecado de sus grandes siervos. Antes hemos mencionado el pecado del rey David; ahora vamos a considerar la negación de Pedro (Mt 26.69-75).

Han prendido a Jesús y le han llevado ante el sumo sacerdote Caifás, con los escribas y los ancianos. Aparecen falsos testigos y le acusan de blasfemo, golpeándole. El apóstol Pedro le siguió de lejos (Mt 26.58) hasta el patio del sumo sacerdote para ver en qué terminaba todo esto.

Recordemos que Jesús había anticipado que le negaría tres veces antes de que el gallo cantara (Mt 26.30-35). Sin embargo, Pedro indicó que él no se escandalizaría del Maestro y aseguró que, si fuera necesario, moriría con él y no le negaría. Y el texto añade: *y todos los discípulos dijeron lo mismo* (v. 35). La realidad es que solo Pedro y otro discípulo (Jn 18.15) se atrevieron a llegar tan lejos.

La historia de la negación de Pedro es sobradamente conocida. Los cuatro evangelistas registran el acontecimiento, aunque añaden algunos matices diferenciadores:

- El tono de la negación va creciendo en la respuesta de Pedro, quien termina maldiciendo y jurando (así Mateo, Marcos y Lucas). Juan es el más escueto de los cuatro y apenas incluye detalles.

- Mateo, Marcos y Lucas indican que Pedro se acordó de las palabras de Jesús. Las palabras de Jesús actúan confrontando a la persona.

- En cuanto a las reacciones, Mateo y Lucas indican que Pedro lloró amargamente. Marcos dice que pensando en esto, lloraba. Juan no menciona nada. Es conveniente tener en cuenta la importancia de la reflexión en todo proceso de arrepentimiento y el correlato emocional que tiene, de manera que pensamiento y emoción cohabitan; ni solo emoción, ni solo pensamiento.

- Solo Lucas registra que el Señor miró a Pedro.

Si solo tuviéramos los evangelios sinópticos, no sabríamos nada de la forma en que Jesús restauró a Pedro. El proceso que hemos visto hasta ahora es:

- Negación: Pedro mintió por miedo de lo que podría pasar.
- Confrontación: se acordó de las palabras de Jesús. El recuerdo de la Palabra de Dios es la mejor arma para desactivar nuestro orgullo y quebrantar nuestro corazón.
- Arrepentimiento: lloró amargamente al pensar en las palabras de Jesús. El dolor emocional acompaña a la confesión de forma habitual, de la misma forma que la alegría a la victoria.

¿Y qué hay del proceso de restauración? Afortunadamente ha quedado registrado por el evangelista Juan (21.15-19). Durante el tiempo que Jesús estuvo con los discípulos no hubo palabras de recriminación hacia Pedro; por lo menos, no han quedado registradas. Sí aparece, en cambio, la comisión específica que le da al apóstol.

A la pregunta ¿*Me amas?*, Pedro responde *Sí, Señor*. Esto ocurre por tres veces, igual que la negación. A cada respuesta de Pedro, el Maestro le indica: *apacienta mis ovejas*. Lejos de reprochar, Jesús le invita al seguimiento (v. 19) y solicita que cuide de su rebaño, ¿por qué?

El apóstol Pedro estaba en condiciones de ayudar a otros que iban a pasar por situaciones similares. Por eso, la restauración que se opera por la obra de Dios, lejos de apartar, integra; lejos de prohibir, invita; lejos de anular, dignifica. Cuando una persona ha pecado y se ha arrepentido con sinceridad ante Dios, puede desarrollar un ministerio muy fructífero. Eso no significa que tenga que ser perfecta; recordemos que Pedro también tuvo que ser confrontado por el apóstol Pablo porque actuaba hipócritamente (Gal 2.11-12). Lo que ocurre en nuestro medio eclesial es que no estamos preparados para afrontar retos de este calibre. Pero eso, lejos de acomodarnos y conformarnos, nos ha de hacer reaccionar para recuperar la esencia del evangelio: amor, justicia, perdón, reconciliación, paz... Lecciones como la que Jesús da respecto a la negación de Pedro y su posterior restauración han de figurar en el epicentro de la pastoral eclesial de nuestros días.

Recuperemos, una vez más, el ejemplo de una persona alcohólica. ¿Quién puede socorrerla? ¿Quién servirá de guía en un submundo lleno de angustia y confusión donde la botella se ha hecho dueña de la vida de esa persona tomando el control absoluto? Solo otro enfermo alcohólico en proceso de restauración es capaz de llegar a su centro neuronal y decirle: *Yo sé lo que sientes, porque yo mismo lo he sufrido*. A partir de ahí se desarrolla una conexión emocional que permitirá superar las barreras más abruptas y escarpadas. De la misma manera, cuando un creyente cae y otro que ha pasado por lo mismo le tiende una mano, las puertas de la esperanza se abren de par en par y Dios comienza a manifestarse a través del amor más puro.

El pueblo de Dios no tolera el pecado, de la misma forma que Dios no lo acepta, pero no puede permitirse el lujo de abandonar a los que caen, de no recuperar al que tropieza, de no restaurar al pecador. Estamos llamados a seguir el ejemplo de Jesús, nuestro Maestro, quien nos ha dejado el camino trazado, para que sigamos sus pisadas.

Como hemos visto, una vez más, el proceso ha sido: pecado, confrontación, arrepentimiento, restauración.

Un caso de inmoralidad

Los dos primeros casos citados tenían que ver con líderes espirituales en el pueblo de Dios. Ahora vamos a centrar nuestra atención en un miembro de la iglesia de Corinto (1 Cor 5.1 y ss.).

En este caso, la iglesia había dado la espalda a la enseñanza del evangelio respecto al proceso de confrontación del pecado. El apóstol Pablo, estando lejos, decide intervenir sentenciando al pecador, lo cual es poco común. Me atrevería a decir que lo hace de este modo para dar una lección a la Comunidad por la actitud que había mostrado ante el pecado: lejos de rechazarlo, lo acepta de manera normal.

Pablo define el pecado cometido: v. 1. El concepto genérico es fornicación (πορνεία), que hace referencia a cualquier tipo de relación sexual ilícita. La palabra se usaba, en el griego clásico, para las conductas extramatrimoniales, homosexuales y para la prostitución. H. Reisser dice:

> *Puede describir las distintas conductas sexuales extramatrimoniales en cuanto se desvían de las normas oficiales, religiosas o sociales vigentes en cada sitio (homosexualidad, promiscuidad, pederastia, etc.), pero describe ante todo la prostitución en sentido estricto.*[105]

Entre los judíos el concepto era el mismo, sin establecer grandes diferencias. El concepto rabínico todavía era más estricto, entendiendo dentro de este concepto aquellas relaciones entre parientes ilícitas según el derecho rabínico. Se incluía el incesto y todo tipo de relación sexual *contra naturam*.[106]

En el texto que nos ocupa, pudiera parecer que la actitud ante este tipo de relaciones podría depender del contexto social o cultural, por lo que Pablo indica *y tal fornicación cual ni aun*

---

[105] H. Reisser, Fornicación, *Diccionario teológico del Nuevo Testamento*, I:326.
[106] *Ibid.*, I:327-328.

se nombra entre los gentiles. ¿Cuál era el problema de manera específica? El apóstol puntualiza: *tanto que alguno tiene la mujer de su padre* (v. 1). La liberalidad con la que se vivía en Corinto había llegado a situaciones insospechadas; de ahí que la Comunidad Cristiana no hubiera reaccionado negativamente ante semejante cuestión. Un miembro de la iglesia mantenía relaciones con la mujer de su padre. Esto estaba prohibido por las leyes civiles y religiosas (Lev 18.8; Dt 22.30).

No es momento de entrar aquí en el debate de la legalidad vigente en cada país y sus reminiscencias morales. En el caso que nos ocupa, desconocemos si el padre vivía o no y hemos de suponer que no se trataba de relaciones con su madre, sino con su madrastra. La cuestión a plantear es si la aceptación social es lo que determina la moralidad de una nación o hay unos principios vitales que están por encima y son universales. El asunto no es fácil de resolver y reconozco la necesidad de un debate abierto y claro sobre estas cuestiones.

Lo cierto es que aquí el apóstol lo define como fornicación y lo que nos interesa es la necesidad de definir siempre la conducta pecaminosa antes de establecer un proceso de confrontación.

Pablo denuncia la pasividad de la iglesia: v. 2. La iglesia había pasado por alto esta situación. Lejos de lamentarse, la iglesia está envanecida. El apóstol indica que la actitud correcta hubiera tenido que ver con la separación de semejante persona, por lo que ya se intuye una medida disciplinaria orientada a establecer una *diferenciación* entre lo bueno y lo malo, entre lo santo y lo pecaminoso.

Pablo disciplina al pecador: vs. 3-5. La retórica del apóstol en estos versículos no deja lugar a dudas respecto al uso de su autoridad: *En el nombre de nuestro Señor Jesucristo..., con el poder de nuestro Señor Jesucristo* (v. 4). Para Pablo el asunto es de extrema gravedad; pocas veces le vemos usar una fórmula de estas características, tan contundente y, además, de forma redundante.

El apóstol comunica su sentencia: el tal sea entregado a Satanás (v. 5), solicitando que sea la iglesia la que lleve a cabo las medidas oportunas. Ver el apéndice 2 para una ampliación del significado y usos de esta expresión.

La idea principal que se desprende del texto es que en la Iglesia el creyente está protegido, mientras que fuera de ella, está expuesto al dominio del enemigo. Mientras que en la Iglesia reina Cristo, en el exterior gobierna Satanás, que es el príncipe de este mundo. A la luz de esto, entregar a una persona a Satanás tiene que ver con sacarlo del estado de protección y ponerlo bajo la influencia del mal con el fin de que sea juzgado y experimente las consecuencias de su maldad.

John White dice:

Aunque es cierto que los ofensores que son expulsados de la congregación local pueden llegar a sentirse amargados y a meterse aún más en el pecado, también es cierto que descubren el desencanto y las miserias del pecado.[107]

Por ello, el propósito de la disciplina en la Iglesia es mantener la pureza espiritual de la persona y preservar la santidad de la Comunidad (v. 5). Si alguien comete un delito y queda impune, estará reforzando la probabilidad de que se repita esa conducta. Si el delito es castigado, esa probabilidad disminuye. Es pura psicología. Lo mismo ocurre con el pecado; si no es castigado, se refuerza la probabilidad de su repetición, mientras que si es rechazado, dicha probabilidad disminuye. Así, por efecto de la disciplina eclesial, la persona es entregada al juez para que le imponga una pena en función de su delito.

Si la Comunidad solo está enfocada hacia la disciplina, el resultado será negativo, mientras que si está orientada hacia la

---

[107] John White, p. 110.

restauración de la persona, el resultado será positivo. La disciplina que se ajusta al modelo de Dios es aquella que tiene como meta la restauración integral de la persona.

Pablo orienta respecto a la actitud que ha de tener la iglesia: vs. 6-13. Les indica que lo que un miembro de la Comunidad haga afecta al resto (v. 6); por ello, la celebración no puede ser hecha de cualquier manera, sino con sinceridad y verdad (v. 8). A partir de aquí hace una puntualización sobre la diferenciación y separación que ha de existir en la Comunidad respecto al pecado. La orientación paulina es no juntarse con aquel que se llama hermano y es fornicario, avaro, idólatra..., y sentencia *con el tal ni aun comáis* (v. 11) y *quitad, pues, a ese perverso de entre vosotros* (v. 13).

La severidad de Pablo es manifiesta demostrando una irritación extraordinaria. ¿Adónde nos quiere llevar el apóstol?

La palabra juntarse (συναναμίγνυμι) se deriva de μιγνυμι, que significa mezclar.[108] Thayer opina que esta palabra significa acompañar a, intimar con.[109] La misma palabra se usa en 2 Tesalonicenses 3.14: *Si alguno no obedece a lo que decimos por medio de esta carta, a ése señaladlo, y no os juntéis con él, para que se avergüence*; otra vez estamos ante una situación de *diferenciación*. El apóstol, pensando en la disciplina restauradora de la iglesia se apresura a decir: *Mas no lo tengáis por enemigo, sino amonestadle como a hermano* (2 Ts 3.15).

Hipócrates usa este término en una prescripción para mezclar varios ingredientes.[110] Otros autores usan el término para referirse a *hombres viejos, mujeres y niños que* **se** *entremezclan con el ejército que vuelve a casa y con dolor proclama la muerte de Philopoimen*.[111]

Desde los tiempos de Homero en adelante esta palabra se usa desde la perspectiva de la unión sexual denotando entre-

---

[108] Vine, *Diccionario expositivo*, II:283.
[109] Thayer, p. 601.
[110] Greeven, en Kittell, συναναμίγνυμι, VII:852-853.
[111] *Ibid.*, p. 853.

mezcla con otras naciones por medio de la cual la pureza del pueblo salvo es confiscada (Ez 20.18 en los LXX, en el sentido de contaminarse).[112] El Nuevo Testamento, añade Greeven, sigue el mismo uso de los LXX.

La idea de la *mezcla* es muy significativa. Cuando mezclamos dos ingredientes, con sus características específicas, cada uno de ellos pierde algo de sí y se impregna de las cualidades del otro, de manera que, al final, es difícil distinguir entre los dos. De la misma manera, lo que el apóstol nos quiere decir es que, ante la presencia de pecado, no puede haber mezcla, para que no haya participación, para que los demás no sean impregnados del pecado cometido; por ello, ha de haber una *diferenciación*. El que peca es un hermano nuestro, pero la iglesia no participa del pecado cometido; se separa para preservar la santidad y presionar al que ha caído para que se arrepienta y pueda ser restaurado. No puede haber mezcla; la iglesia no puede perder su identidad, su santidad.

El apóstol Pablo dice con el tal ni aun comáis. La idea de la comida no tenía entonces el mismo significado que existe en el día de hoy. Podríamos citar aquí el excelente trabajo de Rafael Aguirre,[113] *La mesa compartida*, en donde se hace una exposición minuciosa del comer juntos. La idea principal que resalta el hecho de comer juntos en el Nuevo Testamento es la de desarrollar una relación muy estrecha; con quien se comparte la mesa se comparte la vida. Otra vez estamos hablando de una diferenciación ante la presencia de pecado insistiendo en que no se confunda el amor que hemos de tener por el que cae, con la identificación o la mezcla de la que hemos hablado más arriba. Nos identificamos con la persona que ha caído porque la amamos,

---

[112] *Ibid.*
[113] Rafael Aguirre, profesor de Nuevo Testamento en la Universidad de Deusto (Bilbao). Es uno de los grandes biblistas de nuestros días en España.

igual que Dios la ama, pero rechazamos el pecado cometido, como Dios lo rechaza.

Hasta aquí el proceso de disciplina. Pero, ¿cuál fue el resultado? No lo sabemos. El pasaje que tradicionalmente se ha relacionado con esto es 2 Corintios 2.5-11, aunque es probable que no tenga nada que ver con el texto de 1 Corintios 5. No obstante, sí merece la pena tratar aquí el tema de la actitud de la Comunidad ante una ofensa o pecado.

Primeramente, el apóstol indica que el mal afecta a toda la iglesia (v. 5). También habla de la confrontación pública: *le basta a tal persona esta reprensión hecha por muchos* (v. 6).

Ahora bien, ¿cuál ha de ser la actitud de la iglesia? El apóstol hace un llamado a la Comunidad para que perdone y consuele. Ése es el espíritu de la disciplina eclesial. Por un lado hay confrontación (represión) pero, a continuación, hay perdón. Esto es clave para la recuperación espiritual de la persona que cae. La razón que expone el apóstol es trascendente: *para que no sea consumida de demasiada tristeza* (v. 7). Esta sensibilidad contrasta con la rotundidad expresada en 1 Corintios 5 cuando juzga el caso de inmoralidad que había en la iglesia.

El principio que expone aquí el apóstol es clave en cualquier proceso disciplinario, ya sea en la iglesia o en la familia. La reprensión que un padre hace a su hijo ha de ser compensada con el perdón y el consuelo, para que no sea consumido de demasiada tristeza. De la misma forma, en la iglesia la reprensión ha de ser complementada con el perdón y el consuelo. Eso es una manifestación de amor (ἀγάπη, v. 8).

Esta es la representación práctica del concepto que mencionábamos antes: no mezclarse. Hay una diferenciación, pero eso no elimina el perdón, el consuelo, el amor. La separación que se produce ante el pecado no es tanto física, sino moral (porque ha habido daño), filosófica (porque se ha transgredido un principio vital), emocional (porque se ha roto la relación), espiritual (porque se ha desobedecido a Dios). Esa separación moral, filosófica, emocional, espiritual que se ha producido como consecuencia del pecado, ha de ser reparada, restaurada, y no se puede conseguir desde la lejanía, sino desde el amor que se manifiesta a través del perdón cuando hay arrepentimiento genuino. Solo así podremos aliviar la carga del pecado y favorecer la maduración.

El milagro de Dios está en que, mientras que en la sociedad las relaciones rotas difícilmente se reparan, en la Comunidad Cristiana son restauradas por el amor que hemos experimentado de Dios. Lo dramático es ver una Comunidad que no es capaz de vivir de acuerdo a estos principios y que se ha instalado en el rencor y el resentimiento, en la que unos miembros viven enfrentados a los otros; seguramente el apóstol Juan diría *tienes nombre de que vives, y estás muerta* (Ap 3.1).

La palabra usada para perdonarle es χαρίζομαι (2 Cor 2.7), que enfatiza el aspecto de generosidad o don inmerecido (término relacionado con gracia). La Escritura nos enseña que somos salvos por gracia, como un regalo de Dios. De la misma forma, nuestro perdón ha de ser manifestado a partir de la generosidad, como una expresión de la gracia de Dios. La palabra consolarle (παρακαλέω), como ya hemos visto más arriba, significa uno que es llamado al lado de otro para defenderle o ayudarle. Así, la Iglesia, desde la generosidad y la cercanía posibilitará la recuperación de la persona que cae.

El apóstol concluye con una razón categórica en cuanto a la práctica del perdón: *para que Satanás no saque ventaja alguna sobre vosotros; pues no ignoramos sus maquinaciones* (v. 11).

Los nobles de Judá

El acontecimiento al que haremos referencia en este último ejemplo está registrado en el libro de Nehemías (capítulo 5).

La situación que se describe comienza con una queja del pueblo de Dios (vs. 1-5). El contenido de la queja era que habían prestado para comer y empeñado sus tierras para poder subsistir hasta el punto de dar los hijos en servidumbre. La situación era dramática.

La reacción de Nehemías es altamente pedagógica desde todos los puntos de vista. Veamos:

Primeramente, se *enojó*. Las emociones forman parte de nosotros y no podemos prescindir de ellas. El problema está en que si actuamos movidos por el enojo, lo más probable es que cometamos errores. Podemos tener razón en el contenido de nuestra reacción, pero las formas nos la quitarán. Por ello, lejos de actuar impulsado por el enojo, Nehemías controló sus emociones después de recibir la información que le transmitió el pueblo.

En el día de hoy, podemos indignarnos ante el pecado, o enojarnos en gran manera, como Nehemías, por una situación injusta, pero actuar en esas condiciones no favorecerá la restauración de ninguna persona; todo lo contrario, permitirá que el enemigo gane ventaja sobre nosotros.

Seguidamente, *meditó*. En lugar de actuar inmediatamente, Nehemías era consciente de que no estaba en condiciones de hacer nada. La meditación es clave en el proceso de restauración. Confrontar a la nobleza del pueblo desde el enojo hubiera sido perjudicial y no habría podido cumplir su propósito, que era aliviar la carga de sus hermanos judíos. Así que decidió meditar, considerar la forma de llevar a cabo sus planes.

En tercer lugar, *confrontó* (v. 7). Nehemías diseñó una estrategia. Primeramente reprendió; tenía autoridad para ello, era gobernador (v. 14). A continuación planteó una pregunta que requería una corta respuesta poniendo el dedo en la llaga: *¿Exigís interés cada uno a vuestros hermanos?* (v. 7). Esto iba en contra de la Ley de Dios, que enseñaba: *No exigirás de tu hermano interés de dinero, ni interés de comestibles, ni de cosa alguna* *de que se suele exigir interés. Del extraño podrás exigir interés, más de tu hermano no lo exigirás* (Dt 23.19-20). Los nobles estaban no solo transgrediendo la Torá, sino favoreciendo situaciones de abuso, de pobreza e indefensión.

Cuando tengamos que confrontar a un hermano por algún pecado cometido, haremos bien en no dejarnos llevar por la irritación o el enojo, sino que, sosegadamente, hemos de optar por la reflexión, la meditación y la inteligencia que nos permita diseñar una estrategia que nos oriente a la restauración del que ha caído. Cuando formulamos preguntas cerradas, cuya respuesta sea sí o no, concretamos muy bien lo que ha ocurrido y podemos destruir un rumor o confirmar lo que ya sabíamos.

En cuarto lugar, *trató el tema públicamente*, ya que la queja había sido pública. Las cuestiones privadas han de ser tratadas privadamente; las públicas, han de ser tratadas públicamente. Esto es importante porque, por un lado se alecciona al resto de la Comunidad en cuanto al camino a seguir y, por otro, se afianza la autoridad pastoral; si el enfoque es de restauración, no hay nada que temer; si la orientación es tomar medidas disciplinarias, el resultado no será positivo para la Comunidad.

En quinto lugar, *dio ejemplo* (v. 10). Nehemías da una lección de espiritualidad y dice: *nosotros también les hemos prestado, no les agravemos más la situación*.

En sexto lugar, *rogó* a los nobles *que restituyeran* el mal causado (v. 11). Fijémonos en el cambio de ritmo; en lugar de exigir, ruega. Pide a los nobles que devuelvan las tierras y una parte del interés exigido. Les estaba solicitando que ayudaran a sus hermanos judíos con el fin de que tuvieran algo con lo que vivir; si les quitaban su medio de subsistencia, no tenían más alternativa.

La reacción fue positiva (v. 12). Lo que aquí tenemos es una muestra evidente de *arrepentimiento*, al restituir el daño causado. ¿Hubo alguna medida disciplinaria? No; solamente una advertencia de Nehemías si no cumplían lo que habían prometido (v. 13).

Después de una decisión semejante, no es difícil terminar con *alabanza* a Dios (v. 13). Una vez más observamos que la alabanza es a posteriori, al contemplar lo que el Señor estaba haciendo en medio del pueblo. Cuando uno es confrontado con la Palabra de Dios y hay muestras de arrepentimiento, el gozo se manifiesta en la alabanza, porque se reconoce que es Dios el que está actuando en medio de su pueblo.

Así que, hemos contemplado distintos ejemplos de restauración que aparecen en la Escritura. Hay otros que podríamos meditar, pero estos son suficientes para darnos pistas de cara a plantear el enfoque adecuado y la estrategia óptima en el proceso de restauración de la persona que cae.

Dios tiene interés en los que tropiezan y se ocupa de ellos, nosotros hemos de tenerlo y ocuparnos.

CAPÍTULO 12

Llamados a restaurar a los heridos

La Iglesia, como Comunidad que sigue los caminos de Dios, está llamada a restaurar a los heridos. No importa la clase social, ni la raza, ni el credo que se profese. Cualquier persona herida necesita unos cuidados específicos y, en ocasiones, intensivos con el fin de recobrar la oportunidad de desarrollar una vida plena y satisfactoria.

Qué triste es dar la espalda al que tropieza; la Iglesia que descuida al hermano que cae no ha conocido o experimentado el verdadero evangelio. ¿Qué pensaríamos de un médico que, ante una situación de emergencia, decide no ver a una persona herida y le da la espalda?

El evangelio sana; solo tenemos que encontrar la fórmula que nos permita evidenciarlo. Una de ellas tiene que ver con ser iglesia y, en la medida en que la iglesia asuma su naturaleza, está en condiciones de ser una Comunidad Restauradora capaz de extender el Reino de los Cielos hasta cotas insospechadas; y no estamos hablando de éxito tal como se interpreta en nuestra sociedad, sino de oportunidad para que el mensaje de Dios corra libremente desde la proclamación y desde la vivencia cristiana; así configuraremos un pueblo único, diferente, con una alternativa vital capaz de fascinar a un mundo materialista.

En estas páginas hemos pretendido aportar una reflexión sobre la Escritura respecto a la función restauradora de la Comunidad Cristiana, que no es otra cosa que la esencia del mensaje del evangelio, que es reconciliación, justicia, perdón, gracia, paz… Dios ha tomado la iniciativa para proveer de los medios adecuados y necesarios que posibiliten nuestra recuperación como personas alejadas de él. Por ello, la Iglesia está llamada a restaurar a los heridos; es decir, a los que caen, a los que tropiezan, a los que pecan; está llamada a facilitar la restauración integral de la persona desde que conoce el evangelio de la gracia de Dios y, a partir de ahí, favorecer su desarrollo integral, atendiendo a las demandas del cuerpo, del alma y del espíritu, porque la persona representa una unidad y la Escritura no hace distinciones o dicotomías.

La Escritura es clara al mostrarnos la grandeza y miseria del ser humano; ni siquiera ha pretendido esconder los pecados de los grandes siervos de Dios en cuyas vidas y hazañas nos complacemos. Por ello, cuando un hermano nuestro cae en una de las batallas de la vida, los demás miembros de la Comunidad, lejos de alejarse, ausentarse o apartarse, han de estar cercanos, presentes, abiertos, dispuestos a curar las heridas que se hayan producido para permitir su recuperación personal que redunde en gloria y honra para Dios.

Solo si la Iglesia es capaz de *asumir este reto*, podrá desarrollar su función en los demás ámbitos de su existencia y el evangelio no quedará mutilado.

Hemos hablado de la realidad del pecado a nuestro alrededor y de la necesidad de acotarlo para no añadir o quitar nada a la Palabra de Dios, que ha de ser nuestra luz y guía en este difícil camino; de manera que, cuando vemos a un hermano que cae en pecado o es sorprendido en alguna falta, estamos llamados a ayudarle, desde la convicción de que hoy le ha tocado a él y mañana nos puede tocar a nosotros. Dios resiste a los soberbios y da gracia a los humildes (Stg 4.6). Por ello, los que tienen conciencia de su propia condición y naturaleza son los más aptos para este menester, porque han desterrado la soberbia y han adoptado la mansedumbre como norma de vida.

¿Cuántas veces perdonaremos a nuestros hermanos que caen? Ya hemos visto que la lección de Jesús es clara y evidente; el problema, en nuestros días, no es de información, sino de disposición. Cuando la Iglesia asuma que no está para juzgar sino para amar, las puertas de la esperanza se abrirán de par en par, permitiendo que muchos hermanos no queden en el camino maltrechos, dañados, desorientados, sin rumbo, sino guiados por la luz del evangelio en medio de las tinieblas; así, la soledad se tornará en auténtica comunión cristiana y la presencia y obra del Espíritu Santo harán brotar una nueva ilusión.

Me temo que la Iglesia de nuestro tiempo no está a la altura de las circunstancias y que el politiqueo religioso ha de ser demolido para dejar paso a la brisa fresca de la renovación que permita recuperar la vitalidad del Espíritu.

La Iglesia está *llamada a la restauración* de los heridos, y a hacerlo de una forma integral. Esta es la enseñanza del Nuevo Testamento cuando dice que *los miembros todos se preocupen los unos por los otros. De manera que si un miembro padece, todos los miembros se duelen con él* (1 Cor 12.25-26).

Recordemos que el pecado siempre trae como consecuencia daño y dolor, mientras que la gracia, la misericordia y el amor, proveen salvación y restauración.

Nosotros hemos creído en el Dios de toda esperanza, pues la Escritura dice: *Deje el impío su camino, y el hombre inicuo sus pensamientos, y vuélvase a Jehová, el cual tendrá de él misericordia, y al Dios nuestro, el cual será amplio en perdonar* (Is 55.7).

Desearía terminar esta exposición con un poema titulado «La casa de mi Padre», de Nuria Pradas, amiga y hermana, a quien agradezco su permiso para poner este broche de oro:

Sigo conservando cicatrices
como trofeos no deseados después de la derrota
envolviendo mi angustia entre huellas de sal.
¿Nacerá el alba otra vez?

Miro la silueta derrotada
con el aliento de conocer el gusto de la misericordia
tantas veces envolviendo mis miserias.
¿Habrá una voz que no recuerde mi pecado?

No necesito nada ilícito que
endulce el rigor de mis fracasos. Conozco uno por uno
sus dobleces, su olor a desconcierto.
¿Saldré de este fango?

Tal vez no pueda solo.
¿Una mano compasiva dejando el puñado de piedras en el suelo
me dará cobijo entre las hierbas?
¿Calentará el hielo de mis venas?

Tú la dejaste aquí Señor.
Creo haberla encontrado porque siento esa tibieza extraña
del final de la angustia de un tiempo inmensamente largo.
¿Es este tu Cuerpo aquí en la tierra?
¿Es esta la niña de Tus ojos que no sabe mirar de otra manera
sino como Tú lo hiciste?

Con Amor, simplemente, sin reparos.

*Creo haber encontrado la casa de mi padre.
Necesito encontrar allí también Sus brazos.*

Nuria Pradas. Junio 2005.

APÉNDICE 1

Cualidades pastorales

Las cualidades espirituales que menciona el apóstol Pablo como integrantes del carácter pastoral aparecen registradas en 1 Timoteo 3 y Tito 1:[115]

Irreprensible (ἀνεπίλημπτος): intachable, de buen nombre; que no se le pueda coger por ningún sitio. Persona que tiene una buena reputación. Esta palabra resume todas las demás cualidades que Pablo enumera a continuación. Tiene que ver con la opinión que los demás tienen de él. Tres veces insiste el apóstol Pablo en esta cualidad; además, la justifica diciendo que es necesario (δεῖ). Esta cualidad también se solicita de los

---

[115] Para una reflexión más desarrollada repásese el libro de Gene A. Getz, *La medida del hombre* (Maracaibo: Editorial Libertador, 1979), donde se hace un análisis detenido de cada una de las cualidades bíblicas. Más recientemente se ha publicado una versión corregida bajo el título *La medida del líder* (Puebla: Ediciones las Américas, 1995).

diáconos (1 Tm 3.10) y es la meta para cada creyente (1 Cor 1.8; Col 1.22).[116]

Marido de una sola mujer. ¿Se está refiriendo Pablo a una persona que solo ha convivido con una única mujer? Creo que no; de lo contrario, un hombre cuya esposa ha fallecido, ¿estaría incapacitado para el ministerio si se casa con otra? La respuesta es obvia. El apóstol puede estar refiriéndose a dos aspectos fundamentales: en sentido físico (no uno que tuviera varias mujeres) y mental (no uno que imagina relaciones con otras mujeres o sencillamente las desea).

Sobrio (νηφάλιος): *Significa estar libre de la influencia de productos embriagantes*.[117] Persona estable y firme, con pensamiento claro, sereno, equilibrado. Persona con autocontrol y temple. La expresión es muy gráfica, ya que una persona alcohólica tiene su vida dominada por la bebida y se ha convertido en un esclavo; no lo puede controlar, dirigiendo su vida hacia el desastre en todos los órdenes. Un pastor sabe controlar su vida.

Prudente (σώφρων): persona humilde, con juicio equilibrado (mente sana), con dominio propio. Esta palabra está relacionada con φρήν, que significa mente. Se trata de una persona comprensiva, razonable, sensata, que usa su entendimiento para hacer lo conveniente.

Decoroso (κόσμιος): La palabra usada aquí se relaciona con κόσμος; este grupo de palabras se refiere al orden y, de ahí, el adorno. El pastor vive de tal manera que adorna la doctrina de Dios, ya sea en su forma de vestir, en su manera de hablar, en el contenido de sus conversaciones, en la administración de su casa, en las relaciones sociales...

---

[116] El apóstol Pablo usa la misma palabra en todos estos textos.
[117] Vine, Sobrio, *Diccionario expositivo*, IV:79.

Hospedador (φιλόξενος): la palabra usada aquí viene de dos términos griegos; uno denota amor y el otro extranjero; es decir, una persona que ama a los extranjeros. H. Bietenhard nos recuerda que, en la época primitiva, el extranjero es, fundamentalmente, un enemigo, ya que no se le conoce.[118] La consecuencia lógica de ello es que al extranjero se le tiene temor. Es a partir de la religión que al extranjero se le contempla amigablemente y se le da hospitalidad.[119] Entre los griegos y los romanos, la hospitalidad hacia los extranjeros era una costumbre. En el Antiguo Testamento, se recuerda que Israel es huésped en la tierra de Canaán, ya que, aunque la tomaron en posesión, no la tenían en propiedad; la propiedad era de Yahvéh, que protegía a los que habitaban en su tierra. De la misma forma, se solicita del obispo que sea hospedador; es decir, reconoce que tiene en posesión su casa, pero la propiedad es de Dios y, por lo tanto, recibe al extranjero (al que no conoce) y le da cobijo compartiendo sus bienes. Por lo tanto, se trata de una persona desprendida. Persona cuya casa está abierta y es accesible a cualquiera.

Apto para enseñar (διδακτικός): no se trata del don de la enseñanza. Algunos opinan que el término debe traducirse como dócil: se refería a una calidad de vida, una persona que es humilde, sensible y deseosa de conocer la voluntad de Dios y de transmitirla a otros. La misma palabra se usa en 2 Timoteo 2.24, donde se dice que el siervo del Señor ha de ser *amable para con todos, apto para enseñar, sufrido; que con mansedumbre corrija a los que se oponen...*. Aquí se relaciona la corrección con apto para enseñar. Hace referencia a las cualidades de una persona que hacen posible establecer una comunicación con otros.

---

[118] H. Bietenhard, Extranjero, *Diccionario teológico del Nuevo Testamento*, II:160.
[119] *Ibid.*

No dado al vino (μέ πάροινος): un pastor no puede ser alguien que bebe en exceso, o que se entretiene en el alcohol. Como principio más amplio en la Escritura, los excesos son malos. En este texto se hace referencia a una droga que es capaz de controlar la voluntad de la persona y llevarla a la esclavitud. La expresión es gráfica, ya que el término usado viene de dos palabras griegas: παρὰ, que significa al lado de, y οινος, que significa vino; es decir, está hablando de una persona que está cerca del vino. Un pastor no puede tener como aliado al vino; esa no puede ser su medicina, su apoyo.

No soberbio (μὴ αὐθάδης): no arrogante, no uno que trate siempre de hacer su propia voluntad; no una persona insensible, que imponga sus propios deseos y opiniones. Un pastor no es arrogante, ni puede estar dominado por su propio interés, ni puede buscar exclusivamente su autocomplacencia.

No iracundo (μὴ ὀργίλος): un pastor no es una persona que se encoleriza fácilmente y pierde el control en sus relaciones con los demás. Esto no significa que no pueda enfadarse o acalorarse; vemos en el evangelio que la sangre de Jesús hervía cuando vio la cueva de ladrones en que habían convertido la casa de Dios. La ira es negativa cuando surge demasiado pronto, cuando es prolongada y cuando toma la justicia por su mano.

No pendenciero (μη ΄πλήκτης): rencilloso, buscapleitos. Hace referencia a una persona agresiva tanto verbal como físicamente. La palabra usada aquí está relacionada con πλήσσω, que significa golpear. Se trata de una persona violenta, que está dispuesta a agredir a los demás física o psicológicamente.

Apacible (ἄμαχος): sin espíritu de competitividad, pugnacidad. Persona que no busca litigios, sino que busca la unidad. El término usado aquí viene de dos palabras griegas: α, que significa sin, y μάχη, que significa batalla, lucha, combate. Hay personas que disfrutan con el conflicto, con el enfrentamiento.

La iglesia no está exenta de individuos así; un anciano o pastor, tratará de llevar a su rebaño por caminos pacíficos y buscará el diálogo, la comunicación, la persuasión, la concordia, la unidad, evitando el enfrentamiento y el combate en sus relaciones interpersonales y animando a los miembros de la iglesia a seguir esa senda.

Amable (ἐπιεικής): la palabra usada significa lo que es correcto..., de ahí, moderado razonable, manso... En Platón denota la clemencia y la indulgencia en un contexto legal. En los LXX se usa para hablar de la bondad de Dios.[120] El apóstol Pablo usa la misma palabra para referirse a la ternura de Cristo en 2 Corintios 10.1. En Hechos 24.4 se traduce como equidad. Persona no rencillosa, que no disputa, que no riñe o lucha. Expresa aquella consideración que examina, humana y razonablemente, los hechos de un asunto.[121] Así que, estamos aquí ante un término que nada tiene que ver con el apocamiento, sino de una cualidad que tienen algunas personas al combinar lo que es justo con el afecto.

No codicioso de ganancias deshonestas (μὴ αἰσχροκερδής): significa aficionado a la ganancia impropia, ávido para el dinero.[122] Un pastor no puede ser un avaro, ni amante de la riqueza. No usa recursos engañosos para conseguir dinero. Es evidente que digno es el obrero de su salario (1 Tm 5.18), por lo que el pastor desarrollará su función de acuerdo a la enseñanza de la Palabra de Dios y percibirá lo que es justo para el sostenimiento de su familia. No obstante, es conveniente que el pastor no tenga nada que ver con el dinero de la iglesia, encomendando

---

[120] Kittel, Gerhard, and Friedrich, Gerhard, Editors, *The Theological Dictionary of the New Testament, Abridged in One Volume*, (Grand Rapids, Michigan: William B. Eerdmans Publishing Company, 1985).
[121] Vine, Amable, *Diccionario expositivo*, I:86.
[122] Bauer, Walter, Gingrich, F. Wilbur, and Danker, Frederick W., *A Greek-English Lexicon of the New Testament and Other Early Christian Literature* (Chicago: University of Chicago Press, 1979).

esa función a algunos diáconos o ancianos para que lo custodien o administren según las directrices de la Comunidad. No sería ingenuo pensar que el ingreso medio de las familias de la iglesia pueda ser la orientación para fijar el salario pastoral; así, no tendría ni mucho ni poco, sino lo que estuviera en consonancia con su propia comunidad; si percibe menos de lo que es necesario para vivir, estamos abriendo la puerta a la tentación pastoral (para tener más), y si percibe más de lo necesario para la vida, abrimos la puerta a la tentación congregacional (murmuración, crítica...).

La misma palabra que Pablo usa aquí la utiliza Pedro para referirse a las motivaciones de los ancianos para pastorear la grey de Dios (1 P 5.2). El término se compone de dos palabras griegas: αἰσχρός, que significa vergonzoso, deshonroso, y κέρδος, que significa ganancia. Así que, lo que convierte en ilegítimo el ministerio pastoral no es la ganancia, sino lo deshonesto.

Que gobierne bien su casa (τοῦ ἰδίου οἴκου καλῶς προϊστάμενον): la palabra usada para gobernar es προΐστημι, que significa literalmente estar de pie ante.[123] Kittel mantiene, también, este significado, aunque incorpora otros. Para él esta palabra significa presidir, liderar, asistir, proteger, cuidar....[124] Esta es la más significativa señal de madurez cristiana indicada por el apóstol. Demuestra hasta qué punto una persona es lo suficientemente madura como para dirigir a otros cristianos. Persona que goza del respeto de su familia. Persona que tiene un hogar ordenado y donde se manifiesta respeto en todas las relaciones. El texto añade: *que tenga a sus hijos en sujeción con toda honestidad* (1 Tm 3.4).

Que tenga buen testimonio de los de afuera (μαρτυρίαν καλὴν ἔχειν ἀπὸ τῶν ἔξωθεν): no solo ha de gozar del

---

[123] Vine, Gobernar, *Diccionario expositivo*, II:154.
[124] Kittel, Gerhard, and Friedrich, Gerhard, Editors, προΐστημι, *The Theological Dictionary*.

respeto de los que conviven en su casa, sino, también, de los que están afuera; es decir, de todos aquellos que le conocen. Se trata de una persona que no pueda ser censurada ni reprochada como resultado de una conducta impía.

Cuando el apóstol Pablo quiso que otros le acompañaran en uno de sus viajes misioneros, se fijó en Timoteo: *daban buen testimonio de él los hermanos que estaban en Listra y en Iconio* (Hch 16.2). Las personas que tienen buen testimonio, es decir, que gozan de buena reputación, son visibles fácilmente por todos; no es necesario hacer campaña electoral. Lo mismo ocurrió cuando tuvieron que elegir a una serie de personas para que desarrollaran el ministerio de ayuda a los necesitados en Jerusalén: *Buscad, pues, hermanos, de entre vosotros a siete varones de buen testimonio, llenos del Espíritu Santo y de sabiduría...* (Hch 6.1 y ss.). Es curioso observar que la elección la hicieron los miembros de la Comunidad bajo los criterios que los líderes establecieron: personas de buena reputación.

Amante de lo bueno (φιλάγαθος): persona que desea hacer el bien, que se entrega para y por los demás; que no hace tropezar a los demás. La palabra ἀγαθός, *describe aquello que, siendo bueno en su carácter o constitución, es beneficioso en sus efectos.*[125] Por lo tanto, está hablando de una persona activa, no pasiva, que se deleita en el bien y lo practica buscando el beneficio de los demás.

Justo (δίκαιος): Esta palabra y todas las que se relacionan con ella se derivan del sustantivo δίκη, que *originariamente quiere decir la sabiduría, la instrucción...; lo contrario de ella y lo que la perturba y la destruye es la violencia.*[126] *Es, en primer lugar, el que se comporta de un modo adecuado para y dentro de la estructura de su comunidad y observa los deberes para con los*

---

[125] Vine, Bueno, *Diccionario expositivo*, I:195.
[126] H. Seebass, Santo, *Diccionario teológico del Nuevo Testamento*, IV:158.

dioses y los hombres.[127] Para los rabinos, la justicia es armonía con la ley.[128]

En nuestro texto, denota una persona que puede hacer juicios maduros, sabios y comprensivos. Es una persona que tiene madurez psicológica y espiritual.[129]

Santo (ὅσιος): la palabra usada aquí, traduce, en los LXX, el término hebreo *häsïd*, el que acepta gustoso las consecuencias que se deducen de la relación del pueblo con Dios.[130] Es una palabra que incluye la lealtad a Dios y a su Palabra. Así, estamos ante una persona que conoce las Escrituras y las respeta sometiéndose a ellas.

No un neófito (μὴ νεόφυτος): este término, literalmente, significa recientemente plantado o nacido (de νέος, nuevo y φύω, nacer). Un pastor no puede ser una persona recién convertida. Una persona, para ser madura espiritualmente, necesita tiempo para desarrollar las cualidades espirituales adecuadas para el ministerio; de lo contrario, se perjudicará a sí misma y a la Comunidad.

Retenedor de la palabra fiel tal como ha sido enseñada (ἀντεχόμενον, participio presente): se refiere a alguien que sostiene firmemente algo y lo hace de manera habitual, persistente. La misma palabra se usa en 1 Tesalonicenses 5.14 para hablar de la responsabilidad de los creyentes en cuanto a sostener a los débiles. Se trata de una persona que es estable en su fe y obediente a la Palabra; no un hipócrita. El pastor sostendrá firmemente la Palabra de Dios tal como le ha sido enseñada. Una vez más, hemos de enfatizar la necesidad de asegurarnos de que lo que hemos recibido es la Palabra fiel y no una doctrina de hombres. El hombre o la mujer de Dios sabrán distinguir entre ambas.

---

[127] *Ibid.*
[128] *Ibid.*, II:405.
[129] Gene A. Getz, *La medida del hombre*, p. 174 y ss.
[130] H. Seebass, Santo, *Diccionario teológico del Nuevo Testamento*, IV:158.

APÉNDICE 2

Entregar a Satanás

La palabra usada es παραδίδωμι. Veamos los usos que tiene: En el griego clásico (desde Píndaro): acción de desprenderse de. En el léxico judicial se usaba para hacer comparecer a la fuerza ante el juez, prender.[131]

La persona afectada por esta acción es entregada al sombrío caos de la perdición (papiros mágicos), a la muerte (papiros), o al castigo (Demetrio).[132]

En el Antiguo Testamento (LXX): es muy frecuente la expresión entregar en manos de alguien (expresión que no se encuentra en el griego profano).[133]

Aparece en el contexto de la guerra. Se consulta al profeta o al sacerdote, y el oráculo dice: *ya los entregué en tus manos, Israel*.[134]

---

[131] H. Beck, Juicio, *Diccionario teológico del Nuevo Testamento*, II:394.
[132] *Ibid.*
[133] *Ibid.*
[134] *Ibid.*

Cuando Israel era desobediente, Dios lo entregaba en manos de los pueblos enemigos:[135]

- Jueces 2.14: Jehová entrega a Israel a los salteadores.
- Jueces 6.13: Jehová entrega a Israel a los madianitas.
- Isaías 65.12: Jehová entrega a Israel a la espada.
- Jeremías 32.4: Sedequías será entregado al rey de Babilonia.

El que realiza la acción de entregar, normalmente, es Dios; y el sentido es el de entregar a la ruina, a la derrota, a la aniquilación, a la muerte (Is 43.3).[136]

En el Nuevo Testamento, la palabra aparece 120 veces, de las que 19 están en los escritos de Pablo:

El centro de gravedad de este término lo constituye la acción de entregar al juicio y a la muerte:[137]

- Mateo 4.12: Juan el Bautista es entregado (prendimiento) y luego es ejecutado.
- Mateo 24.9: los seguidores de Jesús sufren persecución y tribulación.
- Marcos 13.12: el hermano entregará a la muerte al hermano.
- Hechos 8.3; 22.4: Saulo perseguidor de los cristianos.
- Hechos 12.4: prendimiento de Pedro.

El término aparece en pasajes donde se habla del sufrimiento y la pasión de Jesús:[138]

---

[135] *Ibid.*
[136] *Ibid.*
[137] *Ibid.*
[138] *Ibid., II:395.*

- Mateo 17.22: Jesús entregado en manos de hombres.
- Mateo 27.2: Jesús es entregado a Pilato.
- Lucas 24.20: Jesús es entregado a la muerte.
- Mateo 26.2: Jesús es entregado a la crucifixión.

El término significa también entregar a alguien que ejecuta juicio (persona o institución):[139]

- Romanos 1.24: Dios entrega a la impureza.
- Efesios 4.19: ser entregado a la lascivia.
- Hechos 7.42: Dios entregó a su pueblo a que rindiesen culto a los astros.
- 1 Corintios 5.5; 1 Timoteo 1.20: entregar a Satanás. De acuerdo con la tradición judía, Satán es el ejecutor del juicio divino.[140]

Finalmente, la palabra se usa para entregar la vida, morir: Juan 19.30; Hechos 15.26; Gálatas 2.20.[141]

---

[139] *Ibid.*
[140] *Ibid.*
[141] *Ibid.*

BIBLIOGRAFÍA

Obras en general

Adams, Jay E. *Capacitados para restaurar.* Terrassa: Clie, 1986.

Álvarez Gómez, Jesús. *Y Él los curó (Mt 15.30). Historia e identidad evangélica de la acción sanitaria de la Iglesia.* Madrid: Publicaciones Claretianas, 1996.

Bonhoeffer, Dietrich. *Vida en comunidad.* Salamanca: Sígueme, 1987.

Carson, Donald A. *¿Hasta cuándo, Señor?* Barcelona: Publicaciones Andamio, 1995.

Castillo, José María. *Espiritualidad para comunidades.* Madrid: San Pablo, 1995.

Crabb, Lawrence J. *Principios bíblicos del arte de aconsejar.* Terrassa: Clie, 1977.

Crabb, Lawrence J. *El arte de aconsejar bíblicamente.* Miami: Logoi, 1983.

Cramer, Raymond L. *La psicología de Jesús y la salud mental.* Miami: Caribe, 1976.

Friedman, Edwin H. *Generación a generación. El proceso de las familias en la Iglesia y la sinagoga.* Buenos Aires-Grand Rapids: Nueva Creación, 1996.

Getz, Gene A. *Bajo presión.* Miami: Vida, 1986.

Grounds, Vernon. *El evangelio y los problemas emocionales.* Terrassa: Clie, 1980.

Grün, A. y Müller, W. (dirs.). *Qué enferma y qué sana a los hombres.* Estella: Editorial Verbo Divino, 2000.

Jacobs, Michael. *Esa voz interior. Una introducción a la Consejería Pastoral.* Terrassa: Clie / Seut, 2000.

Lohfink, Gerhard. *La Iglesia que Jesús quería.* Bilbao: Desclée de Brouwer, 1986.

Lohfink, Gerhard. *¿Necesita Dios la Iglesia?* Madrid: San Pablo, 1999.

Lukasse, Johan. *Una Iglesia con impacto.* Terrassa: Clie, 2001.

Lloyd-Jones, Martín. *La depresión espiritual. Sus causas y su cura.* Jenison: TELL, 1991.

MacDonald, Gordon. *Restaurando su vida deshecha.* Miami: Unilit, 1993.

MacDonald, Gordon. *Ponga orden en su mundo interior.* Miami: Betania, 1989.

Mira y López, Emilio. *Cuatro gigantes del alma.* Barcelona: El Ateneo, 1981, 10ª edición.

Schaeffer, Francis A. *La verdadera espiritualidad.* Miami: Logoi, 1974.

Servan-Schreiber, David. *Curación emocional. Acabar con el estrés, la ansiedad y la depresión sin fármacos ni psicoanálisis.* Barcelona: Kairós, 2004.

Tournier, Paul. *De la soledad a la comunidad.* Terrassa: Clie, 1996.

Tournier, Paul. *Biblia y medicina.* Terrassa: Clie, Andamio, 1998.

Tournier, Paul. *Dinámica de la sanidad.* Terrassa: Clie, Andamio, 2003.

Varios. *El Dios cristiano y el misterio de la enfermedad.* Salamanca: Ediciones Secretariado Trinitario, 1996.

White, John y Blue, Ken. *Restauración de los heridos. El costoso amor de la disciplina eclesial.* Derfield: Vida, 1991.

Diccionarios

Diccionario ilustrado de la Biblia. Ed. por Wilton M. Nelson. Miami, EEUU: Editorial Caribe, 1975.

Diccionario teológico del Nuevo Testamento. Ed. por Lothar Coenen y otros. Salamanca: Sígueme. 4 tomos.

Diccionario teológico manual del Antiguo Testamento. Ed. por Ernst Jenni. Madrid: Ediciones Cristiandad, 1978. 2 tomos.

Guerra, Manuel. *Diccionario morfológico del Nuevo Testamento.* Burgos: Ediciones Aldecoa, S.A., 1978.

Leon-Dufour, Xavier. *Vocabulario de teología bíblica.* Barcelona: Editorial Herder, 1982.

New Bible Dictionary. Ed. por J. D. Douglas. London, Inglaterra: InterVarsity Press, 1968.

Pabón, J. M. *Diccionario manual griego-español.* Barcelona: Bibliograf, S.A., 1980.

Theological Dictionary of New Testament. Ed. por Gerhard F. Kittel. Trad. por G. W. Bromiley. Grand Rapids, USA: Eerdmans Publishing Company, 1964-74. 9 vols.

Vine, W. E. *Diccionario expositivo de palabras del Nuevo Testamento.* Terrassa: Clie, 1984. 4 tomos.

Léxicos

Arndt, William y Gingrich, Wilbur. *A Greek-English Lexicon of the New Testament.* Chicago: The University of Chicago Press, 1957.

Brown, Francis. *The new Brown, Driver, Briggs, Gesenius Hebrew and English Lexicon.* Peabody: Hendrickson, 1979.

Liddel, H. G. y Scott, R. *A Greek-English Lexicon.* Oxford: Clarendon Press, 1973.

Moulton, J. y Milligan, G. *The Vocabulary of the Greek Testament,* s.1: Hodder & Stoughton Limited, 1930.

Thayer, Joseph Henry. *A Greek-English Lexicon of the New Testament.* Grand Rapids: Zondervan Publishing House, 1981.

Gramáticas

Berenguer Amenós, Jaime. *Gramática griega.* Barcelona: Bosch, 1984.

Dana, H. E. y Mantey, J. R. *Gramática griega del Nuevo Testamento.* Buenos Aires: Casa Bautista de Publicaciones, 1979.

Grasmick, John D. *Los principios y la práctica de la exégesis del griego.* Traducido por Andrés López.

Guerra, Manuel. *El idioma del Nuevo Testamento.* Burgos: Ediciones Aldecoa, S.A., 1971.

Meyer, Rudolf. *Gramática del hebreo bíblico.* Terrassa: Clie, 1989.

Printed in Dunstable, United Kingdom